学海兰舟

本书编委会 编

冯士筰院士
从教五十五周年

科学出版社
北京

内 容 简 介

　　本书以照片和文字相结合的形式再现了冯士笮院士求学成长、科学研究、教育教学及社会活动的方方面面。书中收录了冯先生对海洋科学教育的认识，以及合作者和学生们撰写的随想和感悟，从不同视角展示了冯先生的教学思想、人才培养理念、学术成就与性格特点。本书不同于一般的人物传记，其特点是将多篇论文及随笔集成出版，反映了他人对冯先生的科学精神与人文情怀的理解。

图书在版编目（CIP）数据

　学海兰舟：冯士笮院士从教五十五周年／本书编委会编. —北京：科学出版社，2017.9
　　ISBN 978-7-03-054704-0

　Ⅰ.①学… Ⅱ.①本… Ⅲ.①冯士笮－传记 Ⅳ.①K826.14

　中国版本图书馆CIP数据核字（2017）第238708号

　　　　责任编辑：盂美岑　胡晓春／责任校对：张小霞
　　　　责任印制：徐晓晨／书籍设计：北京美光设计制版有限公司

科学出版社出版
北京东黄城根北街 16 号
邮政编码：100717
http://www.sciencep.com
北京虎彩文化传播有限公司 印刷
科学出版社发行　各地新华书店经销
*
2017年9月第 一 版　　开本：787×1092 1/16
2019年2月第二次印刷　　印张：18 1/4
字数：430 000

定价：576.00元
（如有印装质量问题，我社负责调换）

冯士筰简介

冯士筰（1937～   ），天津市人，中国海洋大学教授，中国科学院院士。1962年毕业于清华大学工程力学数学系，分配至山东海洋学院（今中国海洋大学）任教。曾任物理海洋研究所所长、海洋环境学院院长、副校长，浙江海洋学院（今浙江海洋大学）校长，全国政协委员、青岛市政协副主席，民主建国会中央常委、青岛市主委。历任国家教委科学技术委员会委员，国务院学位委员会"海洋科学"评议组组长，教育部高等学校"海洋科学与工程"教学指导委员会主任，中国力学学会常务理事，中国海洋湖沼学会常务理事，中国风暴潮及海啸分会理事长，中国海洋学会理事，"国际地圈生物圈计划（IGBP）"中国委员会常委等。

中国风暴潮研究的开拓者之一，与其合作者创建了超浅海风暴潮动力学理论及其动力－数值预报模型；"浅海风暴潮动力机制和预报方法的研究"获国家自然科学三等奖；出版了我国唯一一部关于风暴潮的理论专著——《风暴潮导论》，获全国优秀科技图书一等奖；主持完成了中国第一代和第二代风暴潮数值预报产品的研制，其中国家"七五"攻关专题获"国家七五科技攻关重大成果奖"。在浅海环流和长期输运的研究方面，依据流体物质面守恒原理，扬弃了传统的欧拉时均，发展了拉氏时均场的新理论。首先发展出弱非线性系统动力学模型，导出了风生－潮致－斜压浅海环流湍封闭基本方程组。"拉格朗日余流和长期输运过程的研究——一种三维空间弱非线性理论"获国家自然科学三等奖。其后将浅海环流的弱非线性理论发展为一般非线性理论，从而建立了近海拉格朗日时均环流及其长期输运理论体系。该理论为近海污染物物理自净、悬移质输运、海洋环境预测和近海生态系统动力学等诸多方面，提供了海洋环境流体动力学基础。

冯士筰教授出生于教育世家，始终强调教育是国家和民族的基石，人才培养是高等学校之本质功能。主持完成的教学改革项目"面向21世纪海洋科学专业的教学改革与实践"及"海洋科学类人才培养模式的改革与实践"分别获国家级优秀教学成果二等奖。主编的《海洋科学导论》，已成为全国所有涉海专业的入门经典，并以繁体字在台湾出版，获全国普通高等学校优秀教材一等奖。尤其作为我国最早的物理海洋学博士生导师之一，我国环境海洋学学位点主要创建人，培养物理海洋学和环境海洋学博士、硕士研究生数十名，桃李满天下。

编者的话

今年是冯士筰院士从教五十五周年及八十华诞，几年前他的学生们就觉得要做点什么，以表达对先生的热烈祝贺与深深敬意。经过反复酝酿，大家决定编写两本书——《冯士筰文集》与《学海兰舟》，以分别体现冯先生的学术成就及在人才培养方面的突出贡献。为此成立了编委会，对这两本书的选题定位进行策划，将冯先生发表的学术论文进行梳理精选，广泛联络冯先生培养的研究生，组织他们提供素材、撰写文章，最终形成了这两本书。《冯士筰文集》精选并收录了冯先生发表于不同刊物、时间跨度为 40 年的多篇学术论文，代表了他在风暴潮、拉格朗日余流和长期物质输运及海洋生态动力学方面的主要工作，展示了冯先生的学术思想发展脉络。我们请冯先生的师长文圣常院士为此书作序，此序使我们对冯先生的学术成就有了更加深刻的认识。《学海兰舟》则以照片和文字相结合的形式，再现了冯先生求学成长、学术交流、人才培养、海洋科教等方面的场景，也包括了学生心得、亲情友情，以及他参加社会活动的方方面面。我们希望这两本书在 10 月与大家见面，届时能为参加冯士筰先生从教五十五周年研讨会的同仁们奉上这份珍贵的礼物。正如于志刚校长在《学海兰舟》序中所说："我无时不在领略着先生谦逊低调的君子风范、不断求索的科学精神，更为先生的人文情怀、教育情怀所深深感染，先生是我们追随的楷模"。

在这两本书的编辑和出版过程中，得到了各位师兄、师弟、师姐、师妹们的积极响应与大力支持，也得到了科学出版社的鼎力相助，浅海室的学生们为文集的录入校对做了大量工作，在此表示衷心感谢！感谢陈鹫为第二本书取了一个富有诗意的名字——《学海兰舟》！吴德星、孟伟、王辉、闫菊、鹿有余、魏皓、郭新宇、柴扉等为这两本书的筹划付出了辛勤的劳动，江文胜负责《冯士筰文集》的论文筛选和编辑，高会旺负责《学海兰舟》的组稿和编辑，张平负责照片收集、筛选，以及与出版社和各位同门的联络沟通等工作。在此过程中，我们充分体会了"眼高手低"和"文字乏力"的真正含义，原以为很快就可以完成的书稿，在准备过程中却出现了这样或那样的问题，如图的分辨率不够、素材没有足够的代表性、文字先后安排缺乏逻辑性，等等。在我们的共同努力下，希望已经较好地解决了这些问题，若仍有不当，万望见谅！收录到这两本书的文章多数已经得到原版权单位的同意，同时，我们对个别地方做了删改，或是改正原文中的笔误，或是使表达更为简洁，在此特别说明。个别文章没有得到及时反馈，如果有异议可与作者联系。

由于水平所限，书中难免有不少遗漏和缺憾，如我们没有能够联系上冯先生指导过的每一位研究生，无法将研究生们的简历格式统一起来，也尚未收录所有研究生的"感悟"文章，更未能全面反映学生们想表达、而未能以文字书写的感情。冯先生桃李满天下，《学海兰舟》中只将他指导的研究生收录在内，他们只是其学生中的代表，冯先生从教五十五周年，培养过的本科生、研究生何止于此，他们的成长曾得益于冯先生的谆谆教诲和润物无声的启迪，想必他们也有很多话要说，恕我们考虑不周，未能更广泛地征求和吸纳他们的想法！在这个特殊的时刻，也让我们代表工作于全国各地、世界各地的学友们表达你们对冯先生的敬意与祝贺！

本书编委会

2017 年 5 月 20 日

序

　　冯士筰先生是我国著名的物理海洋学家和环境海洋学家，我国环境海洋学学科点的倡导者和主要创建人，1997年当选为中国科学院院士。在五十五年的从教生涯中，他培养了一大批在相关领域从事教育教学、科学研究和管理工作的专家学者。

　　冯士筰先生1937年出生于天津的一个教师世家，1962年毕业于清华大学工程力学数学系，毕业后分配到山东海洋学院工作，得到了赫崇本、文圣常先生等老一辈海洋科学家的言传身教。当时有一批跨专业进入到物理海洋学领域的年轻人，文圣常先生等知名教授亲自为他们授课，引导他们将数理知识应用到海洋科学研究与教学中。冯士筰先生从力学的基本概念出发，取得了他在物理海洋学领域的第一批成果。20世纪70年代中期以来，他与合作者创建了超浅海风暴潮动力学理论及其动力－数值预报模型，主持完成了中国第一代、第二代风暴潮数值预报产品的研制。20世纪80年代初开始，又在浅海环流和长期输运的研究方面独辟蹊径，扬弃了传统的欧拉时均，建立了拉氏时均场的新理论，发展出弱非线性系统动力学模型，导出了风生－潮致－斜压浅海环流湍封闭基本方程组。近些年来，冯先生与合作者又将浅海环流的弱非线性理论发展为一般非线性理论，从而进一步完善了近海拉格朗日时均环流及其长期输运理论体系。

　　冯士筰先生对人才培养极为重视，且有独到见解。1981年，山东海洋学院获批设立了物理海洋学博士点，他是我校继文圣常先生之后的第二位博士生导师，从此开始了他的研究生培养之路。由于学科自身的特点，物理海洋学专业的研究生必须具备坚实的数理基础，因此他早期招收的物理海洋学专业的学生中有不少来自于数学、物理专业，但海洋方面的知识相对缺乏，冯先生鼓励他们先学后研，边学边研，从数学、物理专业的视角来审视海洋科学的问题，开展学科交叉研究，学生们无不受益良多。

冯士筰先生重视新的交叉学科发展，对海洋环境科学学科发展作出了巨大贡献。20 世纪 80 年代后期，我国近海富营养化、溢油等海洋环境问题逐渐显现，迫切需要培养一批海洋环境研究和管理领域的高层次人才。1990 年，冯先生受学校委托，牵头向国务院学位办申请在海洋科学学科内设立环境海洋学博士点并获批准，从而建立了我国第一个环境海洋学博士点。由于海洋环境科学研究的复杂性和多学科交叉特点，在研究生培养过程中，冯先生不仅与奚盘根、孙文心、李凤岐、俞光耀教授等物理海洋学领域的知名学者密切合作，也与校内李永祺、杨作升、张志南、陆贤昆、张经教授等海洋生物学、海洋地质学和海洋化学等领域的知名学者开展了广泛合作。这些具有历史意义的合作，不仅为我国培养了一批具有不同学科背景的海洋环境科学专家学者，也在此过程中推动了学校乃至我国环境科学学科的发展。随着国家层面的学科调整，环境海洋学博士点于 1998

年调整为环境科学博士点，2000年，我校环境科学与工程学科点又成为全国首批环境科学与工程一级学科博士学位授权点，并设立了博士后流动站，从而使我国海洋环境科学的高层次人才培养体系更加完善，我校环境科学与工程学科也在他的关心与指导下，由小变大，由弱变强。

冯士筰先生长期致力于推动我国海洋科学本科教育的改革。他曾担任第一、第二届教育部高等学校海洋科学教学指导委员会主任，组织制定了我国海洋科学人才培养规范，出版了海洋科学专业主干课程教材，建设了多门国家级精品课程，为我国海洋科学本科教育快速健康发展作出了重要贡献。他身体力行，亲自投身到教学研究一线，主持《海洋学》国家级精品课程建设，组建海洋学国家级教学团队，与合作者主编的《海洋科学导论》，已成为我国大陆与台湾地区众多高校开展海洋科学本科教育的首选教材。

冯士筰先生在研究生培养和指导博士后开展合作研究中，形成了一套独特的教育方式。冯先生要求研究生或博士后的研究具有前沿性，并能够结合国家需求，还特别注重所拟定的研究课题能够为他们提供一个可以实现自己科学梦想的平台。他经常强调"弟子不必不如师"，从不武断地表达自己的学术观点，而是采用引导和启发的方式，循序渐进地将自己的学术思想贯穿到研究生的培养过程中。冯先生倡导学科交叉，提倡"学人之长，克己之短"，常邀请不同专业的导师和学生从多个角度展开讨论，推进物理海洋学、海洋化学、海洋生物、海洋地质等学科方向的交叉与融合，保证了海洋环境科学研究和研究生培养具有开阔的视野和前沿性。

　　这本"学海兰舟"，既有冯士筰先生有关海洋科学教育的论述，也有他的合作者和学生们撰写的随想和感悟，从不同视角展示了冯先生的教育思想、学术成就和人格魅力，图文并茂，叙事忆情，令人爱不释手。本书编委会请我为本书作序，深感荣幸，也十分乐为，因为我和冯先生的学生们一样，也从先生那里得到过指导和鼓励，受益良多。缘于 20 世纪 90 年代中期，冯先生和德国汉堡大学 Sündermann 教授主持中－德政府间海洋合作项目"渤海生态系分析与模拟"，我作为海洋化学的一名成员参与其中，有幸经常得到冯先生的指导。自此开始 20 多年的交往中，我无时不在领略着先生谦逊低调的君子风范、不断求索的科学精神，更为先生的人文情怀、教育情怀所深深感染，先生是我们追随的楷模。值此冯先生从教五十五周年与八十华诞之际，我谨代表中国海洋大学向先生表示衷心祝贺和崇高敬意，祝愿先生健康长寿，为我国海洋科学与环境科学学科发展作出新贡献！

2017 年 2 月 20 日

目 录

桃李天下

学海兰舟

冯士筰院士
从教五十五周年

历史瞬间

求学成长

　　八十年前，冯士筰降生于海河之滨津门教育世家；满门书香熏陶下，他健康成长，从耀华中学到清华大学，一直是认真、刻苦的优等生。1962 年毕业分配到山东海洋学院，成为一名大学教师，续写家族的辉煌。

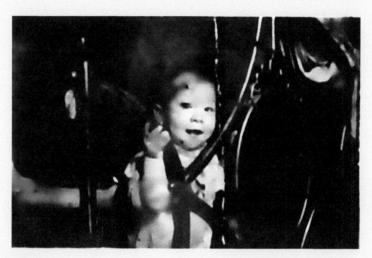

幼年照（1937年）

周岁照（1938年）

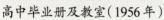

高中毕业册及教室（1956年）

高中班合影（1956年，后排左三为冯士筰）

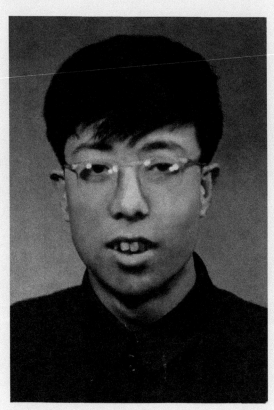

高中毕业照（1956年）

清华大学读书时在哈尔滨汽轮机厂实习留念（1961年，后排右二为冯士筰）

毕业前夕天安门广场合影

（1962年，前排左一为冯士筰）

大学毕业会餐

（1962年，左起第三位为冯士筰）

大学毕业照（1962年）

科研、教学与人才培养

　　小鱼山不灭的灯光见证了他奉献科学孜孜不倦的身影，在动荡环境中潜心研究，他才在科学的春天来临之际脱颖而出，并于1997年当选中国科学院院士。从"七五"到"九五"科技攻关、从风暴潮到拉格朗日余流理论，他坚守至今，追求浅海环流理论的完美与自洽。他为我国海洋环境学科的发展作出了突出贡献，促进了多学科交叉研究和人才培养，中-德渤海生态动力学合作就是学科交叉的典范。五十五年从教生涯，学生毕业了一届又一届，桃李遍天下，斑白的鬓发历览了他奉献海洋高等教育、立德树人的累累硕果。

1962 年毕业分配
至山东海洋学院从教

青年读书照（1963 年）

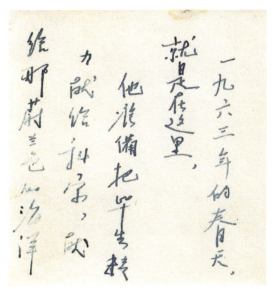

青年读书照背面题字

海边沉思照
（1963 年）

带大学生实习在天安门广场参观留念（1973年，右二为冯士筰）

带本科生实习（1973年，后排左一为冯士筰）

向中国海洋教育奠基人
赫崇本先生请教

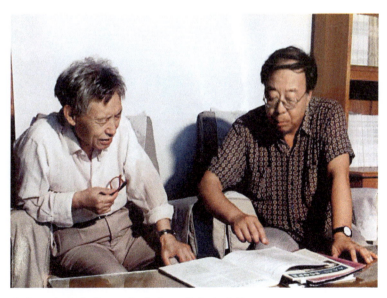

向中国海浪学科的开拓者文圣常先生请教

风暴潮研究

风暴潮研究早期主要合作者
左起：孙文心，秦曾灏，冯士筰

专著《风暴潮导论》
（科学出版社，1982）

"七五"期间风暴潮研究主要合作者
左起：楼菁，冯士筰，孙文心，汪景庸，鹿有余

在海边考察

"七五"科技攻关项目鉴定会

前排左起：刘凤树，王景明，甘子钧，秦曾灏，管秉贤，陈宗镛，冯士筰

后排左五：陈则实；左六：吴辉碇

在厦门召开的"八五"
科技攻关项目工作
会议上作工作报告
（1993 年）

"八五"科技攻关项目主要参加人员合影
前排左起：胡建宇，陈金泉，冯士筰，应仁方，孙文心，羊天柱，汪景庸，徐启明
后排左起：魏更生，史峰岩，商少平，宋运法，于宜法

埕口风暴潮考察（2001 年）

拉格朗日余流研究

在美国 USGS 访问时与美国专家 R. T. Cheng（程大顺）教授一起（1983 年）

美国旧金山湾调查

（1983 年，前三为冯士筰）

和奚盘根（左）、R. T.
Cheng（右）教授讨论

和美国同行讨论
（左二为冯士筰）

在荷兰参加国际会议时与 R. T. Cheng 教授一起讨论（1996 年）

左起：R. T. Cheng，冯士筰，吴德星

R. T. Cheng 教授来青岛访问（2002 年）

中德海洋生态动力学合作

与来访的德国汉堡大学海洋研究所
所长 J. Sündermann 教授一起讨论
（1987 年）
左起：方欣华，J. Sündermann，冯士筰，
张淑珍，李心铭

向德方介绍中方科研成果

J. Sündermann 教授访问当时的山东海洋学院与校领导及教授合影（1988 年）
左起：孙文心，冯士筰，王化桐，施正铿，J. Sündermann，文圣常，J. Sündermann 夫人

与 J. Sündermann 教授
在德方赠送的工作站前合影（1997 年）

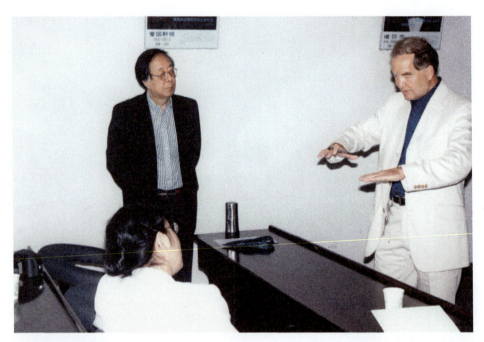

在中国讨论（1997年）

在德国讨论（1998年）

双方科研人员在德国讨论联合出海调查具体方案（1998 年）

中德主要科学家在研究方案商定后合影（1998 年）
左起：张经，J. Sündermann，冯士筰，
U. Brockmann，俞光耀

T. Pohlmann 和 U. Brockmann 博士代表 J. Sündermann 教授来华访问，初次达成渤海政府间合作意向（1996 年）

在德国签署合作备忘录（1998 年）

签署合作备忘录（1999 年）

签署合作备忘录（2000 年）

双方互访合影（1999 年在德国）

第一排左起：魏皓，D. Hainbucher

第二排左起：邹立，孙军，高会旺，T. Pohlmann，T. Rabbe，冯士筰，

J. Sündermann, A. Starke, K. Isert, U. Brockemann

双方互访合影（2000 年在中国）

第一排左起：刘东艳，冯士筰，J. Sündermann，D. Hainbucher，张经，T. Rabbe

第二排左起：孙军，高会旺，T. Pohlmann，于志刚

互赠纪念品

中德渤海生态系统联合调查启航动员会与双方出海调查首席科学家（1998 年）

左起：冯士筰，德方调查首席 Ms. Dagmar Hainbucher，中方首席魏皓教授

与德方出海调查首席科学家 Ms. Dagmar Hainbucher 交谈

冯士筰院士（左二），吴德星副校长（右二）欢迎调查队员凯旋

中德合作的结晶之一

教书育人

讲课照（1989 年）

山东省优秀教育世家称号证书

讲课照（2003 年）

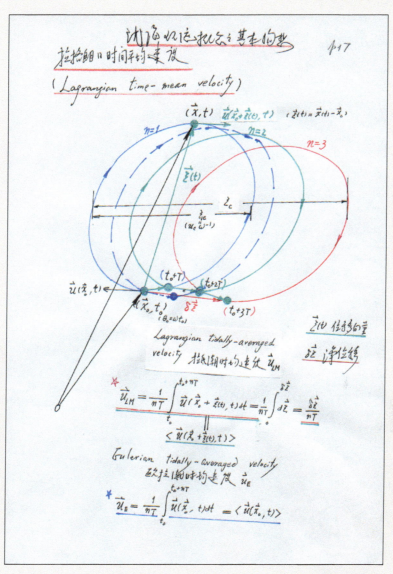

讲义手稿1

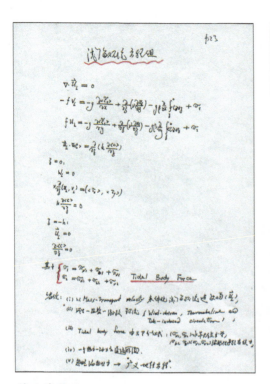

讲义手稿2   讲义手稿3

《物理海洋数值计算》

（河南科学技术出版社，1992）

守恒 & 对称
——物理 & 美学的完美统一

Euler: $(\vec{x}, t);\ \vec{u}$
conservation of material surface

$$\left(\frac{\partial}{\partial t} + \vec{u} \cdot \nabla\right) F(\vec{x}, t) = 0 \quad \text{(Lamb, 1932)}$$

Lagrange: $(\vec{a}, s|t);\ \vec{\xi}$
conservation of particle identity

$$\left(\frac{\partial}{\partial t} + \vec{v} \cdot \nabla\right) \vec{A}(\vec{x}, t|s) = 0 \quad \text{(C. C. Lin, 1963)}$$

$$\vec{v} = \frac{\partial \vec{\xi}}{\partial t}$$

$$\vec{u} \equiv \vec{v}$$

Lagrangian   time-average

$$\overrightarrow{u_L} \equiv \overrightarrow{v_L}$$

$$\left(\frac{\partial}{\partial \tau} + \overrightarrow{u_L} \cdot \nabla\right) F_L(\vec{x}, \tau) = 0 \quad \text{(Feng, Ju, Jiang, 2008)}$$

$$\left(\frac{\partial}{\partial \tau} + \overrightarrow{v_L} \cdot \nabla\right) \overline{A_L}(\vec{x}, \tau|s) = 0 \quad \text{(冯士笮, 2015)}$$

$$\overline{v_L} = \frac{\partial \overline{\xi_L}}{\partial \tau}$$

where:

$\overrightarrow{u_L} \equiv \overrightarrow{v_L}$ Lagrangian residual velocity

$\overline{\xi_L}$ net displacement $\equiv$ Lagrangian inter-tidal displacement

$F_L(\vec{x}, \tau)$ Lagrangian inter-tidal material surface function

$\overline{A_L}(\vec{x}, \tau|s)$ Lagrangian inter-tidal labeling function

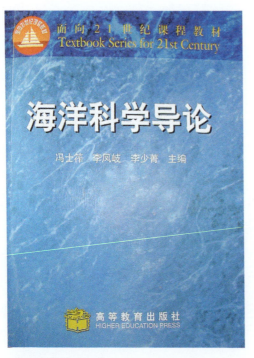

《海洋科学导论》

《海洋科学导论》繁体字版

其他教学著作

其他教学著作

研究生培养

郑连远（中）硕士论文答辩
与专家合影（1988 年）

王辉（中）硕士论文答辩（1989 年）

吴德星（中）博士论文答辩（1992 年）

杨宗严博士论文答辩（1992 年，后排左一为冯士筰）

王辉（中）博士论文答辩（1992 年）

与学生们和答辩专家合影

王为民（中）硕士论文答辩（1994年）

与吴德星教授（中）及合作指导的三位博士合
影（1999年）

左起：罗义勇，冯士筰，吴德星，王凡，吕建

王路（左七）博士论文答辩（1998年）

陈春华（后排右三）博士论文答辩（1998年）

孟伟（中）博士论文答辩（2005 年）

浅海动力学科研团队
（简称"浅海室"）

师生合影（1987年）

左起：王正林，柴扉，汪景庸，商少平，冯士筰，唐永明，孙文心，鹿有余，虞旭日，王辉，魏更生

师生合影（1989年）

前排左起：鹿有余，陈麟，孙文心，冯士筰，冯东太

后排左起：王辉，史峰岩，杨宗严，楼菁

浅海室成员合影（1993 年）

前排左起：孙文心，冯士筰，汪景庸

后排左起：杨宗严，魏更生，史峰岩，张平

浅海室成员合影（2005 年）

前排左起：张平，孙文心，冯士筰，魏皓

后排左起：赵亮，江文胜

浅海室师生合影（2003 年）

前排左起：张平，高会旺，张经，冯士筰，孙文心，王辉，魏皓，瞿雪梅，江文胜

浅海室师生小聚（2005 年，青岛）

左起：鹿有余，楼菁，张平，魏更生，魏皓，孙文心，冯士筰，汪景庸，李国璋，
江文胜，高会旺，赵亮

与学生们在一起
左起：鹿有余，王辉，冯士筰，吴德星，杨宗严

与学生们在一起
前排左起：王为民，郭新宇，朱江
后排左起：王凯，史峰岩，冯士筰，
吴德星，杨宗严，王辉

与学生们在一起（2017年）

左起：闫菊，孟伟，冯士筰，吴德星，江文胜

师生讨论（1998 年）

左起：周旭波，孙文心，冯士筰，吴德星

师生讨论（2017 年）

左起：冯士筰，高会旺，江文胜

指导学生

指导学生

指导学生做实验

在浅海室天津研讨会上做报告（2013 年）

在浅海室北京研讨会上
做报告（2015 年）

浅海室 2015 年北京研讨会

浅海室 2016 年厦门研讨会

浅海室天津研讨会合影（2013 年）

浅海室青岛研讨会合影（2014 年）

浅海室北京研讨会合影（2015 年）

浅海室厦门研讨会合影（2016 年）

行政学术兼职

青岛海洋大学海洋环境学院成立并出任院长（1993年，左侧揭牌
者为冯士筰）

青岛海洋大学海洋环境学院成立时与专家合影（1993年，左二为冯士筰）

2001～2004 年兼任浙江海洋学院院长，与部分新老领导班子成员合影

在浙江海洋学院为本科生讲课
（2003 年）

参加浙江海洋学院2001级新生开学典礼

参加浙江海洋学院2001届学生毕业典礼

第一届国家教委科技委员会青岛会议合影

第二届国家教委科学技术委员会全体委员会议合影（1994年）

全国海洋科学教育教学工作研讨会合影（2002 年，前排左五为冯士筰）

参加全国海洋学科与海洋工程专业发展战略及专业规范研究研讨会合影（2004 年，前排右六为冯士筰）

全国海洋科学教学研讨会合影（2005年，前排右五为冯士筰）

学术交流

在美国参加国际会议（1988 年，后排右三为冯士筰）

在奥地利参加国际会议时与文圣常先生合影（1991 年）

在比利时参加国际会议
时与张经合影（1986 年）

在俄罗斯访问（1991年）

在荷兰考察（1992年）

在英国访问（1993 年）

在日本访问（2004 年）

社会活动

　　冯士筰院士曾担任两届全国政协委员，多年担任青岛市民建主委。在教书育人，潜心科研的同时，积极承担一位知名学者服务社会，参政议政的社会责任。

九届、十届全国政协委员

大会投票

九届全国政协科协组委员合影（1998年，第三排右三为冯士筰）

十届全国政协科协界委员合影（2005年，第二排左八为冯士筰）

1996～2002年担任中国民主建国会青岛市主委,
与新老班子成员合影(1996年)

与时任民建中央主席成思危交谈

民建中央科教委员会全体会议（1998年）

与民建代表考察民情（2001年）

接待邱成桐教授来访

右起：于志刚，邱成桐教授及夫人，冯士筰，王人俊

陈宜瑜院士访问中国海洋大学与部分院士合影

左起：冯士筰，陈宜瑜，李庆忠，管华诗

中国科学院学部"海洋与海岸生态安全"项目考察时听取舟山领导汇报（2011 年）

会上发言

在宁波象山港考察船上
听宁波海洋局领导讲解
汇报

在考察船上与苏纪兰院
士（中）、王颖院士（右）
合影

2009 年在中国海洋大学"海洋发展论坛"作专场报告

与王蒙先生（右二）讨论"数学与人文"

中国科学院第十五次院士大会地学部院士合影（前排右一为冯士筰）

中国科学院第十八次院士大会地学部院士合影（第二排左七为冯士筰）

亲情与友情

走过金婚，他与夫人伉俪情深，家庭和睦；亦师亦友，他与学生亲如家人；老同学、老同事、合作伙伴，一起奋斗大半生。

一家三口（1972 年）

与夫人和外孙女在中国海洋大学校园（2000 年）

学生魏更生为冯老师画像（1992年）

冯先生夫妇生活照
（2005 年）

冯先生夫妇生活照
（2009 年）

金婚照（2016 年）

与浅海室第四代合照
（2017 年）

天津耀华中学校庆 60 周年回母校看望班主任冯百颐
老师（前排中间女）（1987 年）

清华 80 周年校庆回校与同班
同学合影（1991 年）

回清华参加校庆时拜望张维老师（左二）、张涵信
老师（右二）和杜庆华老师（左一）（1998 年）

清华 90 周年校庆回校与同班同学合影（2001 年）

清华百年校庆回校与老师同学合影（2011 年）

与山东海洋学院海洋系流体力学教研组部分教师合影（1963 年）
前排左起：余宙文，李心铭，冯士筰
后排左起：劳治声，王景明，方欣华

流体力学组部分老师在王景明先生家小聚
左起：魏守林，方欣华，王景明，劳治声，冯士筰，
孙文心

与老教研组主任王景明先生

三个老伙伴，风暴潮研究的主要合作者：
汪景庸（左），冯士筰，孙文心（右）

拉格朗日余流研究的主要合作者
左起：冯士筰，R. T. Cheng，奚盘根，孙文心

与厦门大学陈金泉（左）商少平（右）老师等的友谊也是源自风暴潮研究

相识相知多年的同龄人
左起：吴辉碇，冯士筰，孙文心

与风暴潮研究合作者国家海洋局第二海洋研究所应仁方教授

在上海看望陈吉余院士
（2015 年）

华东师范大学老师来青岛看望冯老师
左起：金文华，张经，冯士筰，王平

2017年春节给文圣常先生
和夫人拜年

曾庆存先生到青岛开会时到
家中顺访（2017年）

J. Sündermann 先生获得 2009 年度中国政府
"友谊奖"去北京祝贺

与 J. Sündermann 先生拿奖牌合影留念

J. Sündermann 先生及夫
人来华访问, 手捧中国政
府"友谊奖"奖牌（2011 年）

为中国海洋大学90周年校庆画册题字

长相思
——怀念冯百颐老师

长江流
黄河流
峰迴鳌转奔海流
三江源水头

思悠悠
梦悠悠
芬芳桃李四海流
遥溯活水头

学海扬舟

冯士筰院士
从教五十五周年

冯士筰谈海洋科学教育

面向 21 世纪大学物理海洋学教学改革问题 *

海洋以其丰富的资源、广阔的空间，以及对地球环境和气候的强大调节作用，成为全球生命支持系统的一个重要组成部分，成为人类社会可持续发展的支柱之一。研究、开发和保护海洋成为解决人类当代面临的人口膨胀、资源短缺、环境恶化的主要途径之一。当前，世界许多沿海国家均把合理开发利用海洋作为求生、求发展的基本国策。许多沿海国家纷纷把 21 世纪视为"海洋开发的新世纪"。

我国既是一个大陆国家，也是一个海洋国家，濒临海域面积约 473 万 km²，岸线总长度 3.2 万多千米，拥有岛 6500 多个，面积总计达 8 万多平方千米。这片广袤海疆蕴藏的丰富资源是我们民族未来赖以生存和发展的重要物质基础。21 世纪也将是我国"海洋开发的新世纪"。因此，适应社会的需求，向社会提供研究海洋、开发利用海洋的高层人才，将成为我国高等教育的重要任务，与之相应的物理海洋学教学改革已成为亟待解决的紧迫问题。下面我们仅就物理海洋学发展的特点，谈谈物理海洋学教学改革的问题。

一、物理海洋学的发展速度和发展过程具有加速发展的特点

人类自古就开始和海洋打交道，从原始社会的海滩拾贝和岸边叉鱼，到今天应用高科技进行海洋开发，经历了几千年的历史。现在一般认为，海洋科学的发展大致分为三个时间段。

1. 探险和地理发现时代

从公元前 1500 年至 18 世纪末，是海洋探险和地理发现的时代，经历了 3000 多年的漫长时期。主要成果除地理发现外，绘制了若干区域性的海洋图和海流图，代表性进展包括 1687 年牛顿应用引力定律解释潮汐现象，1740 年伯努利提出了平衡潮理，1775 年拉普拉斯提出了大洋潮汐动力学理论，奠定了潮汐理论基础。

2. 早期海洋科学考察时代

19 世纪到 20 世纪中叶，是海洋科学作为一门独立学科形成的重要时期。这个时期最重大的事件，乃是 1872 ～ 1876 年

* 冯士筰，吴德星 . 2000. 面向 21 世纪大学物理海洋学教学改革问题 . 见：冯士筰主编 . 面向 21 世纪海洋科学教学改革与研究 . 青岛：青岛海洋大学出版社 . 69-73

"挑战者"号调查船所做的环球考察活动。这次考察所获得的大资料，经过 20 年分析整理才完成，最后出版了 59 卷著作。随着后来世界各国海洋调查研究日益频繁，调查资料积累，海洋科学逐渐出现了分支学科，即包括了物理海洋学、化学海洋学，生物海洋学和海洋地质学四个基本学科。1942 年，斯维德鲁普等人的《海洋》一书，对这一时期的海洋科学成果作了全面、系统和深刻的概括，从而标志着海洋科学作为一门独立学科已经形成；在《海洋》一书中，物理海洋学的内容占其篇幅的 1/2 以上，表明了物理海洋学在海洋科学中的基础地位，此阶段经历了 100 多年。

3. 现代海洋学时代

第二次世界大战后，特别是 20 世纪 60 年代以来，由于军事上的目的和对海洋资源、海洋环境重要性的认识，对现代海洋科学发展产生了重大而深远的影响。海洋国家，特别是发达国家不断加强对海洋科技的投入，广泛开展海洋调查研究和海洋技术开发。与此同时，国际学术界成立了"海洋研究科学委员会"（SCOR）以及其他一些专业性组织，联合国教科文组织也成立了"政府间海洋学委员会"（IOC），海洋研究的国际合作大大加强，先后开展了一系列国际性海洋合作调查研究，所有这些努力，使海洋科学和技术获得突飞猛进的发展，进入了一个新时代。作为这个新时期的重要标志，海洋科学观测技术取得了重大成就，如由海面上的调查船、各种形式

的浮标站、深海潜水器、海洋声学测流仪器、海洋声层析技术和空中卫星（或飞机）组成的立体时空观测系统即为其具体体现。依靠这些海洋学观测技术，发现海洋中存在各种时空尺度的运动，存在微细结构、中尺度涡等，促使海洋环流研究从气候学尺度进入了天气学尺度的研究；确认了海洋在全球气候变化中的重要作用，开始了以了解海洋 – 大气相互作用为中心的全球海洋研究；推动了一些以物理海洋学为基础的技术性高强的应用学科的发展，如工程海洋学、卫星海洋学、军事海洋学等。所有这些，不仅进一步拓宽了物理海洋学的范畴，也发展了海洋科学的体系。由于科技知识的激增，新学科不断涌现，科技知识的更新速度也在加快。

由上述分析，物理海洋学的发展速度和发展过程具有加速发展的特点，为适应这一特点，我们高等教育应当进行改革，要把培养学生获取知识的能力作为重点，使他们走上工作岗位后能够不断地和有效地更新，掌握所需的科技知识，以便适应实际工作的需要。

二、学科研究日趋精细、不同学科之间相互渗透、彼此交叉

物理海洋学是以观测为基础，基于动力学原理研究海洋中的力场、热盐场，以及因之生的各种时空尺度上的海水运动和变化、反馈和耦合，研究海洋中物质输运、动量、能量交换和转换机理的知识体系，

是海洋科学研究的基础。

近代物理海洋学的发展反映出研究内容日益精细及与其他相关学科相互交叉综合这两种相反方向的发展的趋势。就其研究内容精细而言，已跳出传统上只研究浪、潮、流的框架。各种时空尺度上的运动现象，如时间尺度以微秒计的湍流，到时间尺度为上千年的大洋环流基本流态的变化，如空间尺度从厘米量级的微细结构，到波长近万千米的长波，均成为物理海洋学研究的热点内容，尤其是非线性、非均匀、不稳定、不连续的概念和方法被引入物理海洋学的基理论研究中，使物理海洋学研究向更深层次发展。这就要求学生应受到现代物理学和现代数学思维的熏陶。

另一方面，物理海洋学作为海洋科学的基础又与其他海洋学科分支相互渗透，彼此交叉，趋向学科综合化。实际上海洋中的各种现象和过程均发生于运动着的海水中，如海洋中声、光、电磁波的传播等物理现象，化学元素的分布与物质变化等化学现象，各种海洋生物群落的生存和繁衍、迁移的海洋生物现象，以及沉积和海底、海岸、海洋地貌的演化等海洋地质现象，无一不是在海水流场及有关物理场的控制或影响下发生的。上述事实使得海洋科学各分支间存在很强的依赖性。从物理海洋学的观点，海洋化学、海洋生物学及海洋地质学等分支学科的若干过程对物理海洋诸多过程研究有很强的指示性。例如，化学示踪剂的分布，不仅对大尺度平均环流场的确定有很强的指示性，在确定水团

的范围、移动速度、起源和水团变化过程中也起重要作用；海洋生物及海洋中的生化过程对上层海洋的水色透明度影响显著，从对海洋吸收太阳辐射及海洋上层热量收支乃至全深度海洋热储存量的估算起着很大的作用；海底沉积中化学元素量的分布是推断海洋深层水的输送路径的重要指标之一，如海底沉积取样分析是20世纪60～70年代对大西洋深层水流经印度洋进入太平洋之路径推断的主要依据。以物理海洋学为基础的边缘学科正在发展，如新概念下的海洋生态动力学即为一例。

从海洋外部来说，海水上界为大气，下界为海底，侧边界则是海岸，因此，海洋与大气及陆地之间也是相互作用的。而物理海洋学则是海洋科学联系大气科学、地球物理学、地球化学和地理学等学科的媒介和桥梁。这就从外部观点体现了物理海洋学跨学科研究的特点。媒介与桥梁作用使得物理海洋学在全球变化研究中占有重要地位。如强调物理气候系统的世界气候研究规划（WCRP）中，为期10年（1985～1995年）的"热带海洋和全球大气"项目（TOGA），物理海洋学研究是其核心研究内容之一；1990年开始至今仍然继续研究长时间尺度上大洋环流对气候变化强迫影响的世界大洋环流实验项目（WOCE），全部内容均为物理海洋学研究问题；现在正在组织启动的全球海洋－大气－陆地系统季节到年际气候变化和可预测性研究（CLIVAR-GOALS），十年到百年时间尺度的气候变化和可预测性研究（CLIVAR-

DecCen），以人类为宇宙中心的气候变化模拟与探测研究（CLIVAR-ACC）等项目中，物理海洋学研究均占主导地位。再如以生物、化学过程研究为重点的国际地圈生物圈计划（IGBP）中的 8 个核心研究计划和两个技术支撑计划，几乎都包括海洋学研究的内容。特别是全球海洋通量联合研究（JGOFS）、海岸带海陆相互作用研究（LOICZ）、国际全球大气化学计划（IGAC）、水循环的生物学（BAHC）、全球海洋真光层研究（COEZS）等计划，或者以海洋学研究为主，或者海洋学研究占有较大分量。在海洋学研究部分，物理海洋学研究构成其重要的研究内容。

针对现代物理海洋学发展的趋势，高等教育如何改进？适应 21 世纪需要的人才应该具备什么样的知识结构？是一个待探索的问题。

三、现代物理海洋学研究与高新技术应用融为一体

计算机数值实验、实验室物理模拟实验和现场观测研究实验三大实验技术的发展从另一个侧面反映了物理海洋学研究与高新技术应用融为一体的趋势。

计算机数值实验是将海洋现象具体化成物理模型，抽象成数学模型，然后通过数学方法借助计算机的计算控制来实现的。应用数学参与了解决物理海洋学问题的算法设计，并起着决定性作用。由于离散方法和解法的发展及可供使用，特别是矢量

计算机和新的形象化方法的发展，在许多情况下可以直接模拟错综复杂的海水运动过程，使得计算机数值实验在物理海洋学研究中的地位越来越重要。

实验室物理模拟实验可用精确的观察和测量手段揭示流体流动过程中在流场各处的流态或流动特征，也可以通过流动参量的直接测量提供各种特定流动的物理模型。实验室实验对著名的 Ekman 流理论的形成起了重要的作用。另外，通过模拟实验，人们对海洋中各种形式的波动，诸如惯性波、潮波、罗斯贝波、锋运动中的斜亚波和若干海水运动的动力学现象逐渐有了清晰的认识。特别是近几年，"无接触测量技术"即光学测量方法和信息、图像、计算机科学的发展，使得实验室实验研究从传统的定性研究，逐步走向定量研究。探测技术的发展再次引起物理海洋工作者对实验室物理模拟实验的重视。

现场观测研究既是揭示海洋现象和发现海洋科学重大科学问题的基础，又是检验海洋理论、数值实验和实验室模拟实验结果正确与否的准绳。它在物理海洋学三大实验中起着核心作用。随着现代科学技术的迅速发展，人类已进入广泛使用现代光学、声学、电子技术的时代。这些先进的科学技术在海洋现场实验研究中的应用，极大地促进了物理海洋学的发展。例如，20 世纪 70 年代 CTD 系统和浮标测流技术的应用，使现场实验的精确性和长期性问题得到初步的解决，为现场实验研究时变现象提供了实质性基础。20 世纪 70～80

年代迅速发展起来的卫星（或机载）遥感测量技术使得在数天时间尺度上可重复获取全球尺度的现场观测数据。微波测高技术和散射测量技术，可见光、红外传感器，水色－温度传感器等高技术测量仪器在卫星观测系统中的应用及相应反演方法的成功研制，实现了对全球海洋海面高度、风应力、波高、SST、海面热量、水气通量、水色及其他有关生物性质的现场实验观测研究。另外和声学技术应用相联系的海洋声学层析术、水声多普勒海流剖面仪等声学仪器的应用使得现场实验探测大范围内海洋内部流场和温度场成为可能。以上探测技术加上现代通信技术在海洋现场实验中的应用，将海洋现场实验推进到时空连续和实验信息实时传递的新阶段。综上所述，物理海学研究已形成和高新技术应用融为一体的新态势。以上趋势要求物理海洋学专业的学生必须掌握基本的数学理论与计算方法，掌握使用计算机解决问题和分析光、电、声讯号与实际海洋物理间关系的能力，以及海上现场观测能力的初步调练。

四、物理海洋学研究服务于社会、经济的发展

物理海洋学既属基础理论研究学科，又是一门应用性很强的学科。目前物理海洋学应用研究主要体现在以下几个方面：① 全球气候变化与预测；② 生态环境变化；③ 海洋开发利用；④ 海洋权益和国防建设；

⑤ 预测、减轻海洋灾害。物理海洋学应用研究，不仅具有不可估量的社会效益，也具有巨大的经济效益。以海洋油气开发为例，建设海上石油平台耗资巨大，按目前市场钢材价格计算，设计波高相差 1m，影响造价 100 万～200 万美元。更有甚者，由于设计不当产生的海上石油平台事故所致经济损失动辄以亿的单位计算。因此为海上石油平台设计提供准确的海洋环境参数会产生重大的经济和社会效益。再如，以海洋灾害预报为例，我国是个海洋灾害严重的国家，海洋灾害造成的经济损失平均每年 40 亿～50 亿元，1992 年和 1994 年海洋灾害造成的损失高达 100 亿元。另外海洋灾害造成的人员死亡数也是很大的。因此准确预报可能发生的海洋灾害，采取有力的防范措施将获得巨大的社会效益和经济效益。以上事实说明，物理海洋学应用研究孕育着巨大的生产力，其教学改革理所当然受到关注。

五、物理海洋学教学内容和课程体系的现状与改革要点

卢嘉锡院士在《当代科技发展与高等教育改革》一文中就高等教育的现状和教学改革问题做了细致的分析，提出了若干亟须解决的教学改革问题。在物理海洋学教学中存在共性问题。

1. 关于教学内容

基础课程体系的现状是，20 世纪以来

科学技术发展的巨大成就很少进入基础课程的体系。科学在前进，课程却仍然以不变应万变。物理海洋学前沿理论与陈旧的基础课程教学内容和体系的矛盾，应是基础课程体系中的主要问题。

专业和专业基础课程体系的现状是跟不上现代物理海洋学的发展。许多教学内容只讲静态的、分散的具体知识，缺乏动态的、发展的、整体的科学思维方法和科学发展趋势等有利于培养能力和创新精神的内容。

在教学方法上，仍重演绎、推理，按部就班，缺乏归纳分析和渗透、综合，将演绎、推理与归纳、分析、渗透和综合和谐地统一起来，应成为教学方法改革的重点。

2. 关于教育思想

根据现代物理海洋学发展趋势，应摒弃知识分割过细的观念，强调综合性和整体性的素质教育；摒弃单纯传授具体知识的观念，强调培养分析、启发思路、解决问题的能力和创新精神；摒弃老师讲、学生听的灌输式教学方法，强调充分发挥学生的积极性和主动性，培养学生自我开拓和获取知识的能力。

3. 加强教师梯队的建设，提高教师队伍素质

物理海洋学教育质量，很大程度上取决于教师队伍的梯队和素质，然而目前我国高校教师队伍存在很多问题，如我校物理海洋学教师队伍的情况是梯队结构不合理，年龄偏老化，不利于专业在教学和研究上的继承和发展。

现代物理海洋学与其他海洋分支学科教学、计算数学以及高新技术相互渗透。这一现状，要求物理海洋学的教学和科研人员，都应具备相当的数、理、化基础知识和扎实的现代的物理海洋学基础，并掌握现代物理海洋学实验技术。

从目前教师情况看，与上述要求相差较远，亟需采取有效措施解决这一问题。

海洋科学发展对教育改革的要求 *

1992 年联合国"环境与发展大会"把海洋列为实施可持续发展战略的重点领域，并在通过的《21 世纪议程》中提出："海洋是全球生命支持系统的一个重要组成部分，也是一种有助于实现可持续发展的宝贵财富。"第 49 届联合国大会确定 1998 年为"国际海洋年"，目的是引起全球对海洋的关注，唤起全人类的海洋意识。现在，人们已清醒地认识到，解决"人口、资源、环境"三大难题的出路在于海洋。事实上，在世纪之交的今天，"知识经济"已初见端倪，科学技术已实现了和正在实现着人们过去难以想象的高速度的发展。同时，与人类生存和发展密切相关的环境问题已越来越成为各国政府和人民关注的焦点。人才培养、特别是高层次的人才培养已成为各国发展和人类进步的根本性战略。21 世纪也将是人类全面认识、开发和保护海洋，以及培养海洋科技人才的新世纪。这也是我国加速和协调发展海洋产业、科技和保护海洋环境难得的机遇，同时，也是我国所面临的严重挑战。为了把我国由一个海洋大国变为一个海洋强国，为了无愧于我国的国际地位，为了造福子孙后代，我们应该把眼光盯住海洋这一人类在地球上的最后一片战略沃土，在"可持续发展"和"科教兴国"两大战略指导下，在 21 世纪的海洋科学事业方面应有大的作为，在海洋科学教育方面也应该有大的发展。

江泽民总书记说："世界上不少科学家预言：21 世纪将是海洋世纪。我们一定要从战略的高度认识海洋，提高全民族的海洋意识"。来自我国最高决策层的声音，再次证明了海洋对于我国的重要性。

海洋是一个有着巨大时空尺度的开放性复杂系统。它包含着物理、化学、地质、生物的各种现象和过程。海洋以其广阔的空间和对地球环境巨大调节作用，以及丰富的资源维系着地球生态系统和人类生存的大环境，并且为提高人类生活质量、促进人类社会可持续发展提供丰富的物质财富。

海洋科学与整个科学技术关系密切，有明显的应用价值。海洋科学早期发展多和航海有关，第二次世界大战前后逐渐渗透到海上军事活动领域。近几十年来，现代海洋科学的研究重点，除研究发生在海洋中的各种自然现象、过程、性质和变化规律之外，主要集中在与人类关系密切的资源和环境问题方面，特别是全球性的气

---

* 冯士筰，李凤岐，顾育翘．2001．海洋科学发展对教育改革的要求．中国地质教育，10（2）：6-11

候异常日益频繁和严重，如 1982～1992 年因厄尔尼诺现象使全球造成的灾害性经济损失达 100 亿美元以上，海洋与气候的关系已成为海洋科学研究的"热点"。20 世纪 60 年代的"全球大气研究计划"（GARP）和"世界气候研究计划"（WCRP），70 年代的"国际海洋调查十年"（IDOE），80 年代的"全球海洋通量联合研究"（JGOFS）、"国际地球圈 - 生物圈计划"（IGBP）、"海岸带陆海相互作用研究"（LOICZ）、"世界大洋环流试验"（WOCE）、"热带海洋与全球大气研究"（TOGA）及 90 年代的"海气耦合响应试验计划"（TOGA、COARE）等都反映人们已认识到人类活动可能对地球生态环境造成严重的影响，也反映了海洋学家对环境问题的关注。环境质量的评价和环境预报等问题已成为当前热门的研究课题。

由于人口的迅速增长、陆地资源和生存空间的日益减少，海洋学家关心的另一问题是海洋资源，向海洋要食物、要资源、要空间也提到了人类的议事日程上。例如，海洋鱼类年生产能力约为 6 万 t，如实现海洋农牧化，还可大为改观；海洋石油储量目前尚未查清，估计深海大洋约 1350 亿 t，约占世界可采储量的 45%；世界大洋蕴藏约 30000 亿 t 金属结核矿。大规模海洋开发已成为人类 21 世纪的目标，发展海洋科学具有巨大的经济和社会效益。

海洋科学的发展，尤其是海岸带和近海空间的开发利用，伴生出另一学科领域——海洋工程和技术，包括以海洋监测、观察、定位、通信、导航、潜水、平台、防腐、耐压、密封、遥感、浮标、海底电缆、调查船、水下机器人和海洋环境预报等为内容的通用技术；以海上油气开发、海港建设、海水增养殖、海底矿产开采、海水淡化、海水综合利用、海洋动力利用、深海观测和钻探、污染监测和防治等专门技术。这是一个新兴的十分活跃的领域，仅以海上油气开发有关的美国每年举行国际学术讨论会为例，出席专家以千计，每次出版论文集四、五十册。

一、海洋科学发展的特点

现今所谓的海洋科学往往具有"大科学"含义，它包括了基础海洋科学、海洋工程和技术两部分。因此它不仅与相邻的一级学科——数、理、化、天、地、生相互交叉，同时又和工程、技术门类的很多学科密切相关，为了维护地球的生态系统和人类生存的大环境，它又和海洋环境科学与工程，以及人文科学- —法学、经济学、管理学等相互渗透。因此，21 世纪的海洋科学将围绕着人类全面认识、开发、利用和保护海洋而进行大幅度的学科专业改革。主要体现在以下几方面。

1. 海洋科学具有多学科综合的性质

在海洋学科的发展历程中，习惯上将海洋学科划分为物理海洋学、海洋物理学、海洋化学、海洋生物学、海洋地质学。近几十年来的发展证明特别是一些国际重大项目的开展，如 JGOFS、LOTS、GLOBEC

等不能将海洋科学肢解而分别归属于其他学科，而必须将海洋系统作为一个整体，是人－地系统中的一个重要的亚系统，否则，任何全体性的重大问题（如气候、资源、环境、灾害等）都不可能得到解决，就海洋科学的学科界定而言，从当前国内外现状和未来的趋势，海洋科学的应用还包括了海气相互作用、环境海洋学、工程学、海洋水产增养殖、海洋药物、海洋化工、海洋矿产资源开采等。随着海洋开发的深入，海洋学科的综合性将日渐突出。

2. 海洋科学研究具有多学科交叉的性质

海洋学科具有多学科综合的性质，自身就包含着多学科交叉的意义。实际上正是这种海洋研究各个领域的交叉形成了诸如环境海洋学这一新的学科分支。然而，这里所说多学科交叉不仅指物理、化学、地质和生物之间的交叉，还包括海洋通过其边界和万有引力及背景辐射与大气、地壳、天体、宇宙发生相互作用所导致的与大气科学、行星科学的相互交叉。例如，海气相互作用的研究注定是大气科学家也是海洋科学家关心的焦点，从而形成了海洋气象学。陆海相互作用以及海平面变化等的研究都具有学科交叉的性质。海洋研究的这一特征是海洋科学生命力的主要源泉之一。因为只有这种交叉才能提供新学科的增长点，也只有这种交叉，才能促进科学的深入发展。

3. 海洋科学的研究手段与高科技紧密联系

浩瀚的海洋包围着大陆的边缘，然而，人类对海洋的了解是很少的，以致新发现不断涌现，令人惊叹不已，如 1973～1975 年，美、法两国对大西洋中央裂谷的深潜器联合调查，以及 1977 年美国对东太平洋海隆、加拉帕戈斯海岭的深潜调查，不仅为海底扩张提供了新的证据，而且还发现了许多温度高达 350～400℃的海底热泉。在几乎没有任何光线的深海世界，热泉周围居然存在着旺盛的生物群落。研究表明，这里的生物不是靠阳光，而是靠硫化细菌在分解热泉放出的硫化氢时放出的能量，把二氧化碳和水结合成碳水化合物才得以生存的。又如热带东太平洋的海温异常，即 Elnino 现象的发现，震动了海洋界和大气科学界。另外，海洋环流的变异产生对气候和海洋生物资源的影响，众说纷纭，迄今仍是海洋研究的热点。可以毫不夸张地说，没有海洋调查就没有海洋科学。海洋调查不仅会提供新的观测事实和观测资料，而且也促进了海洋高技术，特别是遥感遥测和深潜技术的发展。海洋调查是海洋科学紧密联系高技术的直接窗口。

4. 海洋科学的研究具有国家行为的性质

如果说人类早期部落对海洋事物和生存空间的利用是出于人类的本能，那么在国家形成之后，特别是到 15 世纪，一些沿海国家在海外贸易和殖民利益的驱使下，开始了大规模的地理探险活动，可被看作是人类真正进入了认识海洋和研究海洋的时代。我国明朝永乐三年（1405年）开始的郑和七下西洋，以及后来哥伦布发现新大陆，麦哲伦横渡大西洋等航海探险活动均是在这一时期实现的。所有这些航海探险和早期海洋观测，无一不是在国家的策划、组织和鼓励下完成的。自19世纪后半期，海洋科学形成之后至第二次世界大战期间，海洋科学研究作为国家行为不但表现得淋漓尽致，还建立了众多的海洋科学研究的国际组织。近几十年来，全球人口的剧增，资源匮乏和全球环境的蜕变，极大地增强了公众的海洋意识，也使各国政府把很大一部分注意力投向海洋。

海洋科学的研究手段主要是海洋调查，要进行海洋调查，就需要载体，即调查船、飞机、浮标等，这是哪一个部门、单位和个人所无法提供的。需要国家统筹安排避免重复投资，实现资源共享。海洋是一个最为复杂的连续体，因此海洋调查是大面积、立体的，需要大兵团联合统一行动，不仅仅是国内海洋单位的合作，很大程度上如上所述是国家间的联合、调查、研究，这就更需要由国家来承担海洋研究的组织、策划、投资和实施的责任。

二、海洋科学教育的改革

根据海洋科学发展的四大特点，以及参考国外和近年来我国海洋教育的发展和现实，当前海洋科学教育改革的方向包括以下几方面。

1. 教育思想、观念和模式的改变

应由学习前苏联模式对口教育专门人才的教育，转变为淡化专业，拓宽口径，加强基础，注重素质。研究生教育应从以知识传授、技能掌握为主的模式向注重综合素质提高和创新能力培养的模式转变，着力发现和培养一批有创新意识和创业能力的优秀人才。

本科归并为海洋科学、海洋技术两个专业，研究生培养按一级学科培养。

掌握海洋科学各专业的基本知识和研究范围，又有坚实的数理基础及应用计算机的能力，了解海洋科学的最新动态和最新研究成果，深入、系统地掌握所从事的某二级学科的基础理论和专门知识，具有独立从事海洋科学课题的研究能力，能在所从事的研究方向上提出新问题，做出创造性的成果。

1）知识结构

（1）全面的海洋学知识。

本科生的培养除政治、外语、计算机等公共课外，采取7+5+N的课程体系。7是拓宽基础的课程，两个专业是相同的，即高等数学、大学物理（含实验）、大学化学（含实验）、海洋科学导论、生物海洋学、海洋地质学、海洋调查及观测技术（含出海实习）。5是体现方向的课程，教育指导委员会对各方向提出了五门指导性课程目录，N是各方向的特色课、选修课或加强素质教育的课程。研究生教育也应拓宽基础和知识面，如将物理海洋学、化学海洋学、生物海洋学、地质海洋学作为所有海洋科学研究生的必修课。

（2）加强跨学科课程的选修，以促进不同学科之间的交叉、渗透和融通发展。

（3）加强计算机应用和数值模拟课程的学习，使学生具有复合型的知识结构，以适应海洋学科发展的综合性和交叉性的要求。

2）能力结构

彻底转变教育思想观念，将"授之以鱼"改为"授之以渔"。对本科生要改"应试教育"为"素质教育"，重视能力的培养，对"理科人才基地"专业，就更强调拓宽和夯实基础、崇尚和培养创新精神和能力。

对研究生则应有更高的要求：① 创新能力，能独立提出自己的学术观点和学术思想；② 有获得并利用信息的能力；③ 试验设计能力，根据研究的需要，独立地进行试验设计并完成试验，取得良好效果；④ 组织和承担国家海洋科研课题的能力；⑤ 组织和实施海上调查的能力；⑥ 综合分析能力，判断能力和决策能力；⑦ 国际交往能力，满足海洋科学国际合作频繁的需要。

2. 国家科技体制上的改革

打破条条框框，真正实现高校与对口科研单位在人、财、物各种资源的共享，优势互补，并增加对海洋科学人才培养的投入。

海洋科学，其主要的研究目标着眼于社会的公共利益和子孙后代的长远利益，其多数研究成果短期内尚不能直接转化为可以看到的经济效益，所需的基础设施（如海洋调查船等）和人才培养的经费应由国家投入。

国外非常重视海洋科学研究生教育，从组织和经费上采取措施予以保证，如美国有一个组织叫"海洋科学研究与教育财团"（Consortium for Oceanographic Research and Education），由 62 个研究所、大学、实验室及水族馆组成，作为美国海洋科学研究和教育的核心，推进海洋科学研究和研究生培养。美国还有国家和地方大学设置"海洋奖学金计划"（sea grant program），鼓励海洋科学研究和研究生教育及技术转让。现在阿拉斯加大学、路易斯安那大学、马里兰大学、麻省理工学院、纽约大学、俄亥俄大学、俄勒冈大学、夏威夷大学、南加州大学、威斯康星大学和华盛顿大学等均设有海洋奖学金计划，来促进海洋科学研究和研究生培养。日本东京大学、海洋大学、北海道大学、广岛大学、琉球大学、爱媛大学和东北大学及金策大学等均设有海洋专业，进行研究生教育，他们的经费来自文部省和科技厅。韩国汉城大学、仁荷大学、江原大学、釜山水产大学、釜庆大学、济州大学、忠南大学、韩国海洋大学和汉阳大学等都设有海洋科学博士生课，经费来自文教部和科技部。德国基尔大学、汉堡大学及不莱梅大学等也设有海洋专业或海洋研究所来开展研究生教育，他们的研究生都有机会参加国家计划的海洋调查和研究，而且是技术骨干。他们还在学校可以帮助教授授课。总之，希望从国家的体制改革和经费投入渠道的改革来增加对海洋学科高层次人才培养的投入。

3. 营造国际化的学术氛围

努力创造条件，增加与国外著名大学和研究所之间的交流，互派留学生或短期合作科研，使学生立足于国际的学科前沿。

4. 人才培养更好地为海洋开发服务

世界海洋资源的开发和利用如同大陆资源开发和利用的演进过程一样，已进入产业化、商品化、国际化发展的新阶段。海洋新兴产业迅速发展的趋向表明，长期以来，海洋科学技术与产业经济的人为地分离，正随着科学技术与产业经济的一体化发展而臻于完善和弥合。海洋科技产业发展的各种规律和各种现象已经进入了经济学、社会学等学科专家的视野，人们不再仅仅把海洋科学视为学科垄断，把它束之高阁而忽视其产业经济价值和重要的作用。而且，从海洋产业发展的潜能和远景，看到了海洋科学技术对海洋产业的变革和推动，以及对整个国际经济社会发展的重大影响。毫无疑问，这些观点的形成与转变，是中国科技经济学者近几年来在海洋新兴产业发展研究中所取得的最具有深远意义的重要进展，也是"科学技术是第一生产力"在海洋产业演变过程中的具体体现。海洋产业的兴起，对海洋教育的需求也发生了变化。为此，拟采取如下对策。

1）调整专业方向更好地为海洋开发服务

本科专业已归并为两个，重在拓宽口径，加强基础，以便为研究生教育和经济建设输送适应性强的人才。为适应海洋科学发展和经济建设更广泛的要求，研究生的专业方向，也有调整的必要性和现实性，如海洋地质专业海洋沉积方向，把大陆边缘构造改为大陆边缘与油气，把海底构造的研究扩展为沉积－构造、地貌－油气一体的综合研究方向，适应了海上石油的开发。海洋化学专业增设了海水腐蚀与保护方向，适应了海洋工程的要求等。

注重学科交叉，生成新的学科专业，推动海洋高科技的发展，如拟增设海洋技术专业，将海洋学与物理学交叉，适应海上探测的需要。

又如，种类繁多、结构新颖且生理活性独特的海洋天然产物是人们期望解决疑难病症的药源。因而海洋药业得到迅速发展，成为药学中又一新的专业等。

随着海洋开发的不断深入，与之相适应的新兴海洋专业将会应运而生，理工交叉、文理渗透，会进一步促进海洋科学的研究和开发。

2）走产、学、研相结合的道路

为适应海洋开发的需要，研究生教育除实行专业改革外，在培养方式上也需改革过去单纯的学校教育的方式，走出校门，走产、学、研相结合的道路，使理论与实践相结合，通过人、财、物的资源共享，优势互补，使高层次人才培养为国民经济主战场服务的目标更明确，在共同的研究和开发的同时培养人才，解决单一的由国家出资培养人才经费不足的困难，这正是我国高教体制改革的重要内容之一。

产、学、研相结合的方式：① 在完成国家级或省部级的攻关项目中联合培养研究生；此种培养方式，科技力量强，导师由整个攻关小组成员相互配合，会使学生获得较宽的知识面，由于攻关，通过压担子使学生能快速成长为业务骨干，有利于早出人才，多出人才；② 厂矿企业单位与学校签订共建协议，通过董事会等形式对学校培养的高层次人才的规格、知识面提出意见，并鉴定培养所需的人才；此种方式培养人才针对性强，易与厂矿企业的需求合拍，较快地体现出经济和社会效益；③ 将学校的研究生派到厂矿企业中为之解决生产中的实际问题，将学校研究的科研成果尽快地转化为生产力。

3）尽快建立我国的海洋学科研究生院

海洋科学如此特殊的地位，决定了海洋学科的发展需要整个海洋界的联合。海洋科学研究生院的建立，即全国海洋教育和科研单位在高层次人才培养上有机的结合。这是学科发展的需要。

我国海洋科学研究的区域及研究单位分布相对集中，又为海洋高层次人才的集中培养创造了可能的条件。目前，我国主要从事海洋研究的有三大部门：国家海洋局下属的研究所、中科院两个海洋研究所及国家教育部直属的有关高等院校和有关省属院校。国家海洋局是国家管理海洋事务的重要职能机构，承担着国家海洋科技发展、规划的制订与执行工作，其下属的研究所科研、产业密切结合，且面临机构

改革之大势。中科院海洋研究所有雄厚的科技队伍，并集海洋高层次人才培养和科研于一体。青岛海洋大学是国家教育部直属的国内海洋学科最为齐全的特色大学，师资雄厚，科研经验丰富，具有基础科研和各学科交叉渗透的能力，具有培养高层专门人才的优势。

若能实现三者的有机结合，打破原有的条条框框，便可真正实施资源优化、优势互补、资源共享，充分发挥高校组织教育的优势，使高层次人才培养走出小课堂，进入大课堂，博采众家之长，加速高科技人才的培养。

研究生院的建立已有了雏形，其历程为：

（1）1990 年按国务院第四批学科专业在博导评审工作中，国务院学位办指示我校接受国家海洋局各研究所的专家，向我校有关博士点申请博导。国家海洋局第二海洋研究所苏纪兰院士成为我校第一名兼职博导，此后在海洋研究机构相继聘任了20 余位兼职博士生指导教师，使我校的海洋科学研究生教育与全国各海洋单位的科研建立了密切的联系，荟萃了海洋科学的专家。

（2）1991 年国务院学位办在青岛召开了海洋科学"应用型"高层次人才培养工作座谈会，积极推动青岛海洋大学、中国科学院海洋研究所、国家海洋局第一海洋研究所在研究生培养，以及科研工作的联合。

（3）1994 年由青岛海洋大学牵头，

会同中国科学院海洋研究所、国家海洋局第一海洋研究所、水科院黄海水产研究所、地矿部海洋地质研究所等五个单位，组建了"海洋科学研究生教育中心"（简称"中心"）。该"中心"尽管是松散型的，但对各单位加强协作，共同改进研究生的培养工作，迈出了一大步。以后，国家海洋局所属各研究单位，如海洋资料信息中心、海洋环境预报中心、第二海洋研究所，以及上海水产大学、大连水产大学等单位相继与我校签订了联合培养研究生的协议，要求成为中心的一个成员。

（4）1996年，青岛海洋大学校长与国家海洋局局长磋商酝酿共建海洋大学，以研究生教育为切入点，提出了共建研究生院的初步设想，并拟定了协议草案，递交国务院学位办。

（5）1998年12月19日，国家海洋局与青岛海洋大学正式签署"国家海洋局所属科研单位和青岛海洋大学共建青岛海洋大学研究生院的协议"，经过充分酝酿和协商，已进入了实质性合作阶段。

（6）2000年10月13日，国家教育部又批准了山东省《关于共建青岛海洋大学的函》，原则同意山东省提出的由教育部、山东省人民政府、国家海洋局、青岛市人民政府对青岛海洋大学实施共建，以发挥青岛海洋大学的特色和优势，提高其办学水平和效益，优化国家海洋科教资源，并与驻青岛的相关海洋科研单位加强紧密合作的意见。

此批件给海洋科学的联合从组织形式及经费的资助等方面给予了保障。

目前，海洋科学研究生院的建立，已经到了瓜熟蒂落的阶段。希望教育部充分考虑海洋科学的特殊性，出台特殊的倾斜政策，在我国研究生培养模式上搞一个突破，成立一个以学科发展为凝聚中心的海洋科学研究生院。为此，衷心吁请地学界各位泰斗，从各方面给以促成。

适应新形势加快海洋科学教育的发展 *

1992 年联合国"环境与发展大会"把海洋列为实施可持续发展战略的重点领域,并在通过的《21 世纪议程》中提出:"海洋是全球生命支持系统的一个重要组成部分,也是一种有助于实现可持续发展的宝贵财富。"21 世纪将是海洋世纪已成为全球性的共识,不仅表现在 21 世纪是人类全面认识、开发和保护海洋的新世纪,而且更重要的是培养高水平海洋科学人才的新世纪,这已成为各国发展和人类进步的根本性战略。21 世纪,海洋将成为决定我国经济实力和政治地位的极其重要的因素,为了把我国由一个海洋大国发展成一个海洋强国,我们不仅应该在 21 世纪的海洋科学事业方面有大的作为,而且在海洋科学教育方面也应该有大的发展。

一、海洋科学发展的趋势

近 30 年来,随着现代科学技术的发展,人类从整体上认识海洋的能力空前增强,海洋科学取得了前所未有的发展,在国际社会和经济可持续发展中起着越来越重要的作用。综观国际海洋科学的发展,主要发展趋势表现在以下几个方面。

1. 国际合作日渐频繁

自 20 世纪 60 年代开始实施海洋科学国际合作研究计划,如"国际印度洋调查"(IIOE)、"国际海洋调查十年"(IDOE)、"海洋断面地球化学研究"(GEOSECS)等以来,海洋科学研究的国际合作日渐频繁。20 世纪 80 年代海洋科学国际合作研究计划有"国际地圈生物圈计划"(IGBP)、"海岸带陆海相互作用研究"(LOICZ)和"热带海洋与全球大气研究"(TOGA)等。90 年代至今国际合作研究继续向深度和广度发展,这时期的研究有"全球海洋生态动力学研究"(GLOBEC)、"有害赤潮的生态学和海洋学研究"(GEOHAB)、"上层海洋与低层大气研究"(SOLAS)等。

2. 新理论和新技术的发展推动了海洋科学的发展

一方面,20 世纪海洋科学自身和其他相关学科的发展为 21 世纪海洋科学的加速发展提供了必要的理论基础,特别是 20 世纪后期出现并取得重大进展的非线性科学,为海洋科学研究复杂的高维系统提供了全新的理论手段。另一方面,技术的进步极大提高了人类全面认识海洋的能力。例如,

---

*冯士筰,王修林,高艳.2002.适应新形势加快海洋科学教育的发展.中国大学教学,(2-3):23-25

20世纪60年代开始发展的海洋卫星技术，彻底打破了传统的点线式海洋调查，人类已经具有了大范围连续观测海洋的技术能力，特别是近年来在海洋生态环境参数观测技术上已取得了重大突破。此外，深潜技术的重大进展也为人类加深对深海的认知提供了必要的技术条件。

3. 多学科交叉、渗透和综合的特征更加明显

海洋具有开放性、复杂性、特殊的生态性，以及稳定性与适应性相协调等特性，由此注定了海洋科学研究的多学科交叉、渗透和综合的特征。这种特征随海洋科学自身的发展日益明显，在海洋科学国际合作研究计划中得到了充分反映。特别是近十几年来，国际社会和经济可持续发展对海洋科学所提出的诸多全球性问题，包括"厄尔尼诺"现象、海平面变化、有害赤潮发生机理和防治方法等海洋生态环境问题等，都需要与海洋科学有关的物理、化学、地质、生物等诸多学科的交叉、渗透和综合。此外，这一特征不仅表现在自然科学自身，也表现在与文化、管理、经济和法学等人文社会科学的交叉。

4. 人类资源问题的解决依赖海洋科学

海洋拥有丰富的生物、化学、矿产、油气和动力资源，在人类社会人口急剧增加，被过度消耗的陆地资源已日趋贫乏的形势下，海洋的丰富资源乃是人类继续生存和社会持续发展的希望所在。例如，海洋中约有18万种动物和2万种植物，是人类蛋白质食物的最大宝库，以及医药和工业的重要原料。海洋是一个巨大的能源库，粗略估计海洋可提供大约27亿kW潮汐能、25亿kW波浪能、20亿kW温差能、50亿kW海流能、26亿kW盐差能。

二、海洋科学教育市场的需求和教育规模

青岛海洋大学（原山东海洋学院）自1959年成立以来，为国家培养了数万名涉及物理海洋学、海洋化学、海洋生物、海洋地质、海洋水产、海洋工程、海洋气象等专业的海洋科学研究、教学和管理的专门人才，其中的优秀代表已成为中国科学院和工程院院士、长江学者特聘教授、国家杰出青年基金获得者等我国海洋科学的栋梁之才，在海洋科学研究、教学、生产和管理等岗位上发挥着骨干作用。由于培养的人才质量较高，我校海洋学科的各类毕业生，包括本科生、硕士生和博士生都受到了用人单位的广泛欢迎和高度评价，近年来出现了供不应求的局面。以我校海洋学及海洋化学"国家理科人才培养基地"为例，就业率达100%，升研率平均达62%，硕本比接近1:1。进入21世纪，随着海洋科学研究的深入、领域的扩大，以及海洋资源的开发和海洋环境保护力度的加大，国家对海洋科学人才的需求不断增大，由此必然带动海洋科学教育规模的增大。不仅需要物理海洋学、海洋化学、海

洋生物、海洋地质、海洋水产、海洋工程等专业的专门人才,也需要具有海洋科学、海洋技术、海洋法律、海洋保护等综合知识的海洋管理人才,同时也迫切需要具有海洋科学和军事学等复合知识的专门军事海洋学人才。可以预计,随着我国海洋学科专业设置的完善,以及教育质量的提高,会大大提升我国海洋科学研究、教学、开发、生产和管理等水平的提升,尽早实现我国海洋强国战略和祖国的统一大业。

三、海洋科学的教育模式和专业设置

为了适应 21 世纪海洋科学的发展趋势和我国社会、经济可持续发展的需要,应树立以学生为主体地位、注重学生个性发展、培养学生创新能力、提高学生整体素质的指导原则,构建传授知识、培养能力与提高素质为一体的人才培养模式。既要充分体现新型的海洋教育观,又要坚持拓宽专业口径、多学科交叉、渗透和综合的特点。

构筑新型的海洋教育观。资源与环境是制约人类社会可持续发展的两大科学问题,海洋科学在解决这一世界热点问题上起着越来越重要的作用。海洋科学的发展有赖于 21 世纪的海洋科学教育,所以我们必须从战略的高度上认识海洋科学教育与改革,不仅坚持以开放的思想对待海洋科学教育和改革,而且要在海洋科学教育中充分体现爱国主义旋律。海洋占地球面积的 71%,随着信息技术的发展,海洋资料、

研究成果、海洋教育将成为人类的共同财富。21 世纪的海洋科学是开放的,海洋科学教育也必然是开放的,因此我们努力使海洋科学教育和改革适应这种开放,使学生能够从思想到知识、从独立工作能力到合作精神都适应海洋科学的开放性。以史为鉴,以国为魂,高奏爱国主义主旋律,始终是我们海洋教育的灵魂。

坚持拓宽口径、多学科交叉渗透的方向。海洋是一个开放的系统,与地球上的其他系统相互作用,因此海洋科学是一个多学科交叉的学科,海洋科学教育也必须与之相适应。根据海洋科学发展的趋势和国家经济建设、科技进步及社会发展的需要,今后应加大海洋科学人才培养的力度,按照"厚基础、宽口径、高素质、强能力"的培养目标,争取培养出更多具有创新精神、实践能力和能够参与国际竞争的高素质海洋科学专门人才。

专业设置是实现人才培养模式的重要组织形式。1999 年国家颁布了新的专业目录,为了满足 21 世纪国家对海洋科学高水平人才的需求,按照"加强基础、拓宽专业、协调发展、整体优化,提高素质、增强能力、因材施教、突出特色"的原则,学校修订了海洋科学专业教学计划。然而,为适应国家、社会、经济可持续发展的需要,特别是中国进入 WTO 所带来的新环境,以及维护我国海洋权益和近海海洋生态环境保护等的需要,有必要继续完善海洋学科专业设置,如增设海洋管理和海洋军事学专业。随着海洋管理事业的发展,现有海洋

管理队伍已不能满足要求，人才结构不尽合理，知识结构偏窄，海洋综合管理人才相对缺乏，中青年高层次、高素质人才匮乏。2001 年我校组建了 30 人的海洋管理班，开创了我国海洋管理教育的先河，并且已与国家海洋局商定，共同向教育部申报在海洋科学学科中设立"海洋管理"专业。此外，我国是一个拥有 300 万 km² 和 3.2 万 km 海岸线的海洋大国，但是我们还远远没有达到一个海洋强国的水平，我们的海防还不能够充分保障我国的海洋权益和安全。随着我国海军现代化武器装备水平的不断提升，对各种海洋环境参数掌握程度的要求也不断提高。然而，我国极度缺乏熟悉武器装备与海洋环境之间关系的专门人才，这在很大程度上限制了现代化武器装备效能的发挥，甚至制约了我国海军现代化的进程。为此，近年来我校不断扩大与军事院校，如大连舰艇学院的合作，计划尽快合作创立和发展我国的军事海洋学。

四、加强海洋科学教学改革，提高教学质量的思路和措施

根据《面向 21 世纪教育振兴行动计划》精神，围绕 21 世纪高水平海洋科学创新人才培养，加强海洋科学教学改革、提高教学质量的思路主要是：顺应时代要求，不断转变和更新教育思想观念，进一步推进素质教育，实现由注重专业对口教育向注重全面素质教育转变；由注重知识传授向注重创新能力培养转变；由注重单纯的学科系统性向注重整体优化的综合性转变；由注重教师的传授向教与学相长，学生是教学主体转变。为此，我校采取的措施主要有以下几个方面。

1. 加强基础，拓宽知识

根据教育部《关于加强高等学校本科教学工作，提高教学质量的若干意见》的文件精神，采取讲授与自学、讨论与交流、理论与实践、继承与创新相结合等启发式和讨论式教学方法，继续提高大学外语、高等数学、大学物理、大学化学和非计算机专业计算机等基础课的教学质量。遵循顺应时代、加强基础、整体优化、突出特色的原则，优化课程结构，专业课按多方向和柔性化设置，增加选修课比例，以有利于扩大学生知识面和提高适应能力，实验课教学中，在安排必要的验证性实验基础上增加综合性、设计性和研究性实验，以利于培养学生的独立思维和创新能力。此外，海洋调查和观测是海洋科学发展的基础，应注重加强学生海上调查能力、实际操作能力、解决实际问题能力的培养，使学生的整体素质能够满足 21 世纪海洋科学发展的需要。

2. 改革教学组织形式，强化学生能力培养

高等学校具有人才培养、科学研究和社会服务三大职能，前者主要以教研室的组织形式工作，而后两者主要以课题组的组织形式工作，这在很大程度上限制了教

学内容的更新和科研与教学资源的共享。因此，有必要改革教学组织形式。我校以国内知名教授为核心，优化师资队伍的合理配置；以海洋科学专业基础课为纽带，组建可承担系列海洋科学专业课的课程组，有利于教学内容更新、科研与教学资源共享、师资队伍的培养，以及学生能力的培养。同时采取措施鼓励和推动院士、长江学者特聘教授、国家杰出青年基金获得者等著名教授学者为本科生授课，用高水平的教学和科研成果促进海洋科学高素质创新人才的培养，真正将知识传授型教学转变为获取知识能力的培养上来，全面提高学生综合分析、科学研究、开拓创新、国际交往等能力。此外，我校还积极推进双语教学，以适应我国加入WTO后对海洋科学教育的要求，争取3年内30%左右的海洋科学专业基础课和专业课使用外语教学。

3. 强化课程体系建设

课程体系建设是高水平人才培养的基本保障，为适应我国社会和经济发展需要和海洋科学发展趋势，进一步完善海洋科学"1+4+N"课程设置模式。以此为指导，在完成出版普通高等教育"九五"国家级教材《海洋科学导论》基础上，尽快出版《物理海洋学》、《海洋化学》、《海洋地质学》和《海洋生物学》普通高等教育"十五"国家级教材，并且积极组织和鼓励知名教授和专家编写《环境海洋学》、《海洋调查方法导论》、《海洋管理导论》、《海洋资源概论》等一批专业课教材。新

教材不仅要借鉴国外最新教材，而且要反映国际海洋科学最新发展前沿。在教材建设的同时，要以现代化教育技术为突破口，推进教学方法和教学手段的改革。当前，在世界范围内正在经历一场以多媒体技术和国际互联网应用为代表的教育技术革命，深刻地改变着传统的教学观念、教学方法和教学手段。为了进一步应用现代化的教学手段进行教学，提高学生的学习效率和学习质量，争取"十五"期间完成海洋科学基础专业课和主要专业课的CAI课件，并且尽快开通远程教学系统，更好地发挥我校海洋科学国家理科人才培养基地的指导和辐射作用。此外，充分利用好开放式教学管理系统，使学生可以在计算机终端上自主选择学校所提供的教学资源，有效地拓展学生自主学习的时间和空间。

4. 积极推进考试改革

在严格考试管理的基础上，考试内容要以知识立意为主转向以能力、素质立意为主。为此，在考试方式上，减少闭卷笔试方式，更多采用半开卷、开卷、口试、写研究报告或小论文等方式，使考试成为督促学生努力学习和评价学习效果，以及实施素质教育和创新能力培养的有效手段，切实避免那种导致学生死记硬背、生搬硬套的考试。重点抓好海洋科学专业基础课的考试改革，争取"十五"期间建立试题库。同时抓好实验课考核改革，采用能激发学生兴趣、提高能力培养的多种考核方式。加强毕业论文的设计性和创新性，严把毕

业论文质量关，尽快制定包括学生选题、过程控制、阶段检查和答辩评分的本科生毕业论文工作条例。21 世纪前 10 年是我国在本世纪中叶实现达到中等发达国家水平的关键时期，海洋科学起着越来越重要的作用，正如江泽民总书记所指出的那样："世界上有不少科学家预言，21 世纪将是海洋的世纪。我们一定要从战略的高度认识海洋，提高全民族的海洋观念。"因此，我们一定要从战略的高度认识海洋科学教育，抓住机遇，勇于改革，为尽快建立起我国适应 21 世纪要求的海洋科学教育体系而努力工作。

中国海洋科学教育刍议 *

600年前的壮举——郑和下西洋，为炎黄子孙引以自豪；1840年的惨败——鸦片战争，让中国人民痛心疾首，偌大的中华，此后竟然跌落到有海无防、国破权丧。忆荣思辱，铭心刻骨，后辙前师，脱不开"海洋"二字。十年前国家领导人江泽民提出"增强全民族的海洋观念"，的确值得我们深思。

一、海洋观念刍议

（一）避海与趋海

人类最著名的四大古代文明发源地——中国、印度、巴比伦和埃及，前三个国家的文明发源中心，都不紧靠海边，这与避离海洋灾害是有关的，缘于古代人类对自然的无奈，导致了他们对自然敬畏的海洋观念。唯有古埃及靠近地中海，也因为那里潮差很小，仅有30 cm左右，相对而言，海洋灾害较轻。

随着生产和科学技术的进步，人类开始了由避海到趋海的进程。工业革命和资本主义的兴起，更加速了这一进程。殖民主义者则把海洋当做掠财和争霸的舞台。第一代海上霸主葡萄牙和西班牙，染指中、南美洲，"拉丁美洲"的称谓，就是他们殖民化的证据；我国的澳门，也被葡萄牙所窃取。第二代海上霸主荷兰和英国，更为嚣张，前者侵我国台湾；后者强租我国香港，并号称"日不落帝国"；日本也强占我国的台湾和澎湖诸岛。第二次世界大战之后，美、苏两霸把世界海洋变成了他们全面争霸的战场。苏联解体之后，美国俨然以"世界警察"自居，恃其强大的海上军力，肆行"单边主义"，咄咄逼人，无所不至。

世界历史昭示世人，强国须兴海。海洋观念的确立和提升已是大家的共识。

（二）闭海与开海

我国的历史也表明，国力的盛衰与海洋有着不解之缘。汉朝唐代强盛之时，海上"丝绸之路"繁荣而通畅。明朝郑和七下西洋，与南亚非洲诸国遍结友好，中国是把海洋作为友谊的纽带，通商的桥梁。清朝的闭海则与国力式微息息相关，而闭关的后果，则更使我国错失发展的良机，拉大了与西方工业国家的差距，招致进一步的衰败与屈辱。

前事不忘，后事之师，胡锦涛总书记

＊冯士筰，李凤岐．2006．中国海洋科学教育刍议．见：苏纪兰主编．郑和下西洋的回顾与思考．北京：科学出版社．194-206

强调："开发海洋是推动我国经济社会发展的一项战略任务。"江泽民也曾指出："开发和利用海洋，对于我国的长远发展将有越来越重要的意义"，总结了历史的经验，强调"我们一定要从战略的高度认识海洋，增强全民族的海洋观念"，表达了炎黄子孙的共同心声。

二、海洋教育刍议

海洋观念的强化，离不开海洋教育。关于海洋教育，既有广义理解，有时也着重指海洋科学教育。

（一）海洋教育

从已有的书刊文献看来，"海洋教育"是一个相当宽泛的概念。历年的中国海洋年鉴把所有与海洋有关的教育活动都划入"海洋教育"的范畴。它可以涵盖和包括培养目标不同层次、不同教学类型和学科门类、不同专业的教育与教学活动。

1. 培养目标的层次

（1）初等海洋教育：面向中、小学生或公众的海洋知识科普教育和教学活动。

（2）中等海洋教育：中等专业技术学校（或相应的培训班）所进行的涉海有关行业的教育和教学活动。

（3）高等海洋教育：高等学校（或相应的培训班）所进行的海洋科学技术类或涉海行业的教育和教学活动。

（4）研究生海洋教育：高等学校或科研院所招收研究生（或举办研究生班）所进行的海洋科学技术类或涉海行业的教育教学活动。

（5）全民族的海洋观教育：各级政府、学校，各种党派、社团等开展的爱国主义海洋观教育活动。

2. 教学活动的类型

（1）普通全日制学校教育：各层次的普通全日制学校所进行的涉海行业的教育和教学活动。

（2）其他类型的海洋教育：由各层次的不同类型的学校，如函授、夜校、职校、电视、网络、自考、进修、专修学校等所进行的涉海行业的教育和教学活动。

3. 学科的门类

（1）理学类：海洋科学、海洋气象、海洋环境、海洋技术等。

（2）工学类：船舶与海洋工程、港口航道与海岸工程、盐化工、能源与资源开发利用等。

（3）农学类：海水养殖、海洋渔业科学与技术、海洋捕捞、海产品加工与储藏等。

（4）医药类：海洋药物、海洋医学等。

（5）交通类：船舶驾驶、航海技术、轮机工程、船舶工程、港航监督、海上救助等。

（6）社会科学类：海洋经济学、海洋管理学、海洋法学、海洋文化与旅游管理等。

（7）军事科学类：海洋战略与战术、水面舰艇、潜艇与水下武器、深潜技术等。

（二）海洋科学教育

从国务院学位委员会和教育部的行政管理系统看，也有不同的理解和范围划分。

1. 大（型）综合

国家教育部 2001 年成立了新一届高等学校教学指导委员会，在高等学校地学教学指导委员会中，设有海洋科学与工程分会，其委员所属的学校涉及理、工、农、医、军等各大学科门类。2002 年经教育部批准，青岛海洋大学（即今中国海洋大学）又招收海洋管理等专业本科生，也就是说，业已涉足于管理科学门类。该背景下的这一教学指导委员会所指导的"海洋科学教育"，当然是"大（型）综合"概念下的海洋科学教育活动。又因为海洋工程教育也同属该指导委员会，所以，体系庞杂的海洋工程各专业的影响和要求，也是必然在"海洋科学教育"中有所反映的。

2. 中（型）综合

依 1998 年国务院学位委员会修订后的划分，"海洋科学"研究生学位教育，包括物理海洋学、海洋化学、海洋生物学、海洋地质学。在《海洋科学》（冯士筰等，2001 年）一书中，则将其分为 10 个分支学科。依此，可谓之"中（型）综合"。

3. 小（型）综合

依教育部 1998 年调整后的本科专业目录，海洋科学类只设两个本科专业——海洋科学专业和海洋技术专业。该海洋科学专业的教育和教学活动，看来应为"名"、"实"相符的"海洋科学教育"，但也不宜狭义地理解为"海洋科学专业教育"，因为即使不谈它与海洋技术的复杂而密切的联系，仅就"海洋科学"本身而言，其综合性也是比较明显的。

这种综合性，首先是海洋科学自身特点使然。海洋科学已经形成了自己的学科体系，在与物理、化学、生物、地质、气象、环境等学科的互相交叉、渗透过程中，发展而成为各有其相应理论框架的相对独立的分支学科。应该承认，这也是 1998 年本科专业目录调整之前得以各自设置专业的根据之一。本科专业目录调整的指导思想是拓宽专业面、归并相近的专业、淡化专业方向、体现综合。海洋科学专业就是这样归并而成的体现综合的专业。

其次，是科学技术和社会、经济的高速发展的要求使然。21 世纪是知识经济到来、高度信息化的时代，《海洋科学》（冯士筰等，2001 年）即对 10 个分支学科和 4 个交叉领域提出了展望和规划，因此我们培养的"海洋科学"人才必须适应时代的这些特点。没有宽厚的基础，没有综合的知识是不行的。这是我们在研讨海洋科学教育时必须切实注意的。

三、中国海洋教育的回顾

（一）中国的海洋教育

中国是世界上利用海洋最早的国家之

一。在获取"渔盐之利"和"舟楫之便"的过程中，不断地观察、认识并积累了大量的海洋知识。《诗经》中关于江河"朝宗于海"的诗句，在废除科举制度之前的封建社会的教育中，代代传授了两三千年。通过生产活动和航海，我国在海洋地貌、海洋气象、海洋潮汐、海产生物、海岸防护和围垦工程等方面，历代相承取得了卓著的成就（中国大百科全书，1987年）。诸如此类的业绩，特别是"郑和下西洋"等壮举，其成果与见闻、经验与技术等，通过著书修志、舆图建造，或刊印发行或师承口授，事实上已起到了海洋教育的作用。

近代中国的海洋教育，始于清朝后期的"洋务运动"。1893年北洋水师在天津设立西医学堂，培养海军军医（海洋年鉴编辑部，1999年）。1897年上海创办南洋公学留学生班，地理课是要讲授的课程之一（中国大百科全书，1990年）。1902年正式废除科举制度之后，在小学、中学堂设地理课（中国大百科全书，1985年）。1913年北京高等师范学堂建立史地系，1921年南京东南大学建立地理系（中国大百科全书，1990年）。上述学校的地理课程已经有了海洋知识教育。在其后的相关课程中，海洋知识和内容又得以不断地增补和充实。

20世纪20年代，厦门大学已开始了与海洋有关的教育活动。1930年接任国立青岛大学（校址即今中国海洋大学鱼山校区）校长的杨振声，积极推动该校"创设海边生物学、…海洋学、气象学"，继而聘请教授讲授海洋知识课程。中华海产生物学会1931年在厦门大学成立，开始举办暑期海产生物讲习班。青岛大学更名为国立山东大学之后，1934年发起组建青岛海洋生物所，并承办暑期讲习班，讲授海产无脊椎动物学和海藻学等课程。抗日战争胜利后，1946年在山东大学、厦门大学分别创立海洋研究所。厦门大学还设立了海洋系。这是中国第一个海洋系，标志着中国海洋科学高等教育的正式开始。

1952年全国高校院系调整，厦门大学海洋系理化组部分师生北迁青岛，与山东大学海洋研究所合并，组建山东大学海洋系，赫崇本教授任系主任，设物理海洋学专业。在此后近20年，这一直是国内唯一的一个物理海洋学专业。1958年山东大学主体迁往济南，留青岛的海洋系、水产系等在1959年成立山东海洋学院，设5个系10个专业，即海洋水文学专业（原物理海洋专业更名）、海洋气象学专业、海洋物理学专业、海水化学专业、海洋动物学专业、海洋植物学专业、海水养殖专业、淡水养殖专业、水产品加工专业和工业捕鱼专业。到20世纪70年代，海洋教育又出现新的转机，厦门大学重新组建海洋系，同济大学也设置了海洋地质专业。80～90年代，海洋教育事业再一次快速发展：山东海洋学院于1988年更名为青岛海洋大学，其物理海洋和海洋气象系、物理海洋研究所、物理海洋实验室和海洋环境保护研究中心于1992年组建为海洋环境学院；厦门大学海洋系于1996年扩建为海洋与环境学院；1997年成立湛江海洋大学；1998年成立浙江海洋学院；不少大学成立海洋科学研究中心或海洋开发中心；更多的大学成立或增设涉海的系科专业……海洋科学教育事业进入了蓬勃发展的的新时期。据不完全统计，迄今已有五所冠名"海洋"的大学或学院，即中国海洋大学（原青岛海洋大学更名）、台湾海洋大学、湛江海洋大学、浙江海洋学院和高雄海洋科技大学。在厦门大学、中山大学、海南大学、天津科技大学和汕头大学等校，设有海洋学院。设置航海及船舶等专业的学校有大连海事大学、上海海事大学、青岛远洋船员学院、哈尔滨船舶工程学院、华东船舶工业学院等。另外，在宁波大学、河海大学、集美大学等都设有海运学院、港航学院或航海学院等。在水产方面有上海水产大学、大连水产学院等，在湛江海洋大学、宁波大学、集美大学、浙江海洋学院等校还设有水产学院。特别是在著名的北京大学、清华大学、台湾大学、南京大学、上海交通大学、华中科技大学、天津大学、浙江大学、华东师范大学、同济大学、大连理工大学、哈尔滨工程大学等校中，纷纷设置了海洋科学、河口与海岸、海洋工程等方面的研究所、开发中心或重点实验室；国家海洋药物工程技术研发中心已在中国海洋大学建成。

（二）海洋科学类专业的教学改革

让我们从中、小（型）综合的角度，回顾海洋科学的教学改革。

20世纪50年代学习原苏联的教学模式，专业划分过细，如当时山东海洋学院的海洋科学就分为：物理海洋学（曾改名为海洋水文学）、海洋气象学、海洋物理学（曾一度再细分为海洋声学与海洋光学）、海洋地质地貌（曾一度再细分为海洋地质学、海洋地貌学和海洋地球物理勘探专业）、海洋化学（曾名为海水化学）、海洋动物学、海洋植物学等专业。60年代进行过调整，合并、精简了部分专业，但未从根本上解决问题，到80年代又再度膨胀且又有以新形式细化的趋势。1990年国家教委在兰州召开会议研讨，揭开了新一轮教学改革的序幕。

1995年第一届海洋科学教学指导委员会成立之时，正赶上国家教委立项研究"面向21世纪课程设置体系和教学内容改革"。原青岛海洋大学和厦门大学承担了"海洋科学类专业面向21世纪的课程设置体系和教学内容改革的研究"任务。通过大量调查研究、对比分析，结合教学指导委员会年会，多次进行交流和研讨，在国家教委高教司理科处指导下，教学指导委员会议定，海洋科学下设三个专业：海洋科学、海洋技术、海洋管理。国家教委最后批准设置前两个专业。此后由原青岛海洋大学和厦门大学各自提出海洋科学专业和海洋技术专业两个专业的新的课程设置体系和教学大纲，并分别在两个学校进行改革试点。再后，教育部同意在青岛海洋大学自主增设海洋管理专业。这一项目的教改研究和改革试点的部分成果，已收入《面向21世纪海洋科学教学改革与研究》一书（冯士筰，2000年）。

四、我们的历史使命

（一）全民族海洋观教育——神圣的使命

中华民族是"土生土长"的民族，在神州大地上创造了灿烂的文明。国人对这片"黄土地"情有独钟，当然是无可厚非的。但是，长期使用载有"国土960万 km²"的教材，一直教育了几代人，的确也留下了不可轻视的缺憾。例如，对于根据《联合国海洋法公约》规定，我国还有可管辖的300万 km²的海洋国土，以及经我国海洋工作者努力争得的国际海底7.5万 km²的中国专属矿产开发区（冯士筰等，1999年），许多人都是"茫然无知"的（干焱平，2001年），从而凸现我国"全民族海洋观"教育任务是多么紧迫与繁重。事实是，在世界上，我国应该算得上是海洋大国，因为我国海岸线总长度居世界第4位，其他如大陆架面积、200海里水域面积和海港分布密度之类的海洋资源绝对值，都位居世界前10位。这是我们的资源优势，对此，虎视眈眈者有之，抢先染指者有之，而我们自己，茫然无知者大有人在，漠然处之者颇有人众。作为海洋科学和海洋教育的工作者，我们对此应负有历史的责任；痛定之后，更应该明确，我们肩负神圣的使命。

我们应该不遗余力地大声疾呼：我国虽然称得上是一个海洋大国，但还远远不是一个海洋强国。除了全民族的海洋观亟待加强之外，还必须正视：我国的海洋科技水平与发达国家还有相当的差距；我国人均海洋资源量本来就很低，可是有些本来就属于我们的资源和权益，却已屡遭侵犯与劫掠：黄海、东海大陆架上有所谓"日韩共同开发区"，钓鱼岛公然插上了太阳旗，美国军舰随意进入我国管辖海域，军用侦察机在海南岛撞我国飞机并强行着陆，东沙、西沙群岛的所谓归属"争议"，南沙更多岛礁被抢先占据，如此等等，都敦促我们大声疾呼：同胞们，再不能等闲视之！

（二）海洋科学教育——广阔的前途

早在1995年，江泽民就说过："世界上不少科学家预言：21世纪将是海洋世纪"。2001年在联合国正式文件中，首次提出了"21世纪是海洋世纪"（刘容子，2002年）。事实上，海洋已经成为越来越多沿海国家经济发展重要的支撑条件。我国沿海地区以占全国13%的土地面积，养活了全国40%的人口，创造了60%的国民生产总值。我国海洋产业的发展速度大大高于整个国民经济总的增长速度，海洋经济正在成为我国国民经济新的重要增长点（管华诗，1999年）。20世纪90年代开发海洋的热潮席卷沿海各省（区），一个个的海上发展战略竞相出台。海洋开发和海洋经济展现了更加诱人的前景，人口趋海移动态势加速，我国东部沿海城市数，现已占全国的44.74%，而城市人口为全国的51.44%，大城市已占47.44%，特大城市则高达59.81%。研究预测到2020年或21世纪中叶，我国60%的人口将居住在沿海地区（刘容子，2002年）。这种趋势将从各方面促进对海洋人才的需求增长，从而为海洋科学教育注入了新的活力。

当然，另一方面，即海洋开发和海洋经济的快速增长，也带来了负面效应，如海洋环境污染的加剧，资源的紧缺，甚至人为地破坏而导致枯竭，等等。海洋资源究竟还有多少潜力可挖？接踵而来的许多工程技术难题如何解决？如何加强海洋环境保护？如何全面推进海域使用管理，以保证实现可持续发展？诸如此类的问题，又为海洋科学与工程学科提出了新的研究课题（冯士筰等，2001年），从而对海洋科学教育的发展，形成了新的推动力。

海洋人才需求的增长和海洋经济可持续发展的难题，共同形成了对海洋科学教育的压力和挑战；然而，这也同时为海洋科学教育提供了空前的机遇和广阔的前途。

（三）海洋科学教育改革——任重而道远

海洋人才，特别是高层次海洋人才需求增长的牵动，导致我国近年来海洋科学教育事业有了长足的发展，具体表现是：开办了更多的海洋院校，成立了更多的海洋研究或海洋开发中心，设置了更多的涉海系科专业，招收了更多的学生，使海洋科学与工程教育事业呈现出一派兴旺发达的景象。作为海洋科学教育工作者，我们由衷地高兴和振奋。然而，在高兴之余，还应该同时意识到，我们肩负的担子有多重！

21世纪是海洋的世纪，同时也是知识经济加速发展的世纪（管华诗，1999年），高、精、尖技术日新月异，目不暇接。国际上海洋高新技术已经拓展渗透到众多领域，如海洋生物技术、海洋生态系统模拟技术、海洋油气资源高效勘探开发技术、海洋环境观测和监测技术、海底勘探和深潜技术等。日益明显的是，海洋科学研究和海洋高新技术开发，已经提升到各国高层次的决策范围，并进行了战略性规划安排（刘容子，2002年）。美国把海洋视为地球上"最后的开辟疆域"；加拿大提出发展海洋产业，占领国际市场；日本要利用科技加速海洋开发，提高国际竞争能力；澳大利亚要强化海洋基础知识普及，加强海洋资源可持续利用与开发……我们培养出的海洋人才能否跟上时代的发展？如何适应快速变化的形势？面对加入WTO后的剧烈竞争，我们已有的海洋科学教育体系如何进行更深入的改革、应对新的挑战？……

这是一场影响深远的争夺战，开发和利用海洋新能源的争夺，勘探和开发海洋资源的争夺，获取更多、更好的海洋食品的争夺，海洋新药物研究和新技术的争夺，海上航运的更安全、便捷、高效技术的争夺，海洋空间资源——海面、水体、大洋底乃至南极和北极的竞争……归根结底是人才的争夺。如何在这场惊心动魄的争夺战中立于不败之地？的确是"任重而道远"！

让我们共同规划竞争对策、共谋出台深化改革举措，共商开辟可持续发展新路，共同创建铸造新的辉煌！

中国海洋科学教育的发展与展望 *

人类利用海洋、开发海洋已有悠久的历史，即以中国而言，河姆渡遗址就发现有舟楫的遗迹，而近现代西方的兴起及世界格局的形成也与航海的发展紧密相连。然而历史上中国尽管有郑和下西洋等航海事迹的存在，但一个不争的事实是中国缺乏重视海洋的传统。近年来，随着中国的崛起，海洋在政治、经济、外交等领域的重要性逐步显现出来，成为全社会关注的问题，国家也将发展海洋经济当作一项战略来抓。而"科教兴海、教育为本"，在一项事业发展之前，教育是应当先行的，因此在目前的情况下，回顾一下中国海洋科学教育的发展历程是非常有必要的。惟有这样，才能使展望中国海洋科学教育的未来有所依据。

一、海洋教育分类与海洋科学教育

借助教育学对教育的定义，海洋教育指的是为增进人对海洋的认识、使人掌握与海洋相关的技能进而影响人的思想品德的一切活动。从不同的角度来看，海洋教育可以分为不同的类别。海洋科学是研究地球上海洋的自然现象、性质与其变化规律，以及开发与利用海洋有关的知识体系。因此海洋科学教育包含在海洋教育之中，是传授海洋科学知识和技能的活动。

（一）海洋教育的分类

海洋教育可以从多个方面进行分类。从培养目标的层次划分，可以分为初等海洋教育，即面向中小学生和公众的科普教育；中等海洋教育，即中等专业技术学校涉海行业的职业教育；高等海洋教育，即高等学校海洋科学技术类或涉海行业的教育；研究生海洋教育，即高等学校、研究院所等海洋科学技术类或涉海行业的教育。

而从教学活动类型来划分，则有普通全日制学校教育，即各层次的普通全日制学校所进行的涉海行业的教育和教学活动；其他类型的海洋教育，即由各层次的不同类型的学校，如函授、夜校、职校、电视、网络、自考、进修、专修学校等所进行的涉海行业的教育和教学活动。

而从教学内容划分则有，理学类，如海洋科学、海洋气象、海洋环境、海洋技术等；工学类，如船舶与海洋工程、港口

＊冯士筰，江文胜，李凤岐 . 2013. 中国海洋科学教育的发展与展望 . 见：李巍然主编 . 海洋教育新进展——2011 年海洋教育国际研讨会论文集 . 青岛：中国海洋大学出版社 . 9-16

航道与海岸工程、盐化工、能源与资源开发利用等；农学类，如海水养殖、海洋渔业科学与技术、海洋捕捞、海产品加工与储藏等；医药类，如海洋药物、海洋医学等；交通类，如船舶驾驶、航海技术、轮机工程、船舶工程、港航监督、海上救助等；社会科学类，如海洋经济学、海洋管理学、海洋法学、海洋文化与旅游管理等；军事科学类，如海洋战略与战术、水面舰艇、潜艇与水下武器、深潜技术等。

（二）海洋科学教育

根据中国国家标准《学科分类域代码 GB/T 13745—2009》，海洋科学属于自然科学，与地理学、地质学、大气科学等并列都属于地球科学之下。海洋科学包括海洋物理学、海洋化学、海洋地球物理学、海洋气象学、海洋地质学、物理海洋学、海洋生物学、海洋地理学和河口海岸、海洋调查与监测、海洋工程、海洋测绘学、遥感海洋学、海洋生态学、环境海洋学、海洋资源学、极地科学等多个分支。

在高等教育中，海洋科学的本科教育则服从于教育部本科专业目录，目前本科专业目录是 1998 年发布的，海洋科学类属于理学门类，下设海洋科学、海洋技术、海洋管理、军事海洋学和海洋生物资源与环境等几个专业。2010 年这个专业目录开始调整，目前的意见是调整为海洋科学、海洋技术、海洋资源与环境和军事海洋学四个专业。

而研究生的培养则按照另一个体系，

这是由国务院学位办于 1997 年颁布的，海洋科学属于理学中的一级学科，下设物理海洋学、海洋化学、海洋生物学和海洋地质等四个二级学科，另外还有一些院校自主设置的一些二级学科。

二、中国海洋科学教育沿革

中国是世界上利用海洋最早的国家之一，在此过程中获得的海洋相关知识，通过著书修志、舆图建造，或刊行或师承传授，起到了海洋教育的作用。但是中国现代的学校教育开始于鸦片战争之后，因此中国海洋科学教育则开展得更晚。大致可以分为几个时期。

（一）1946 年以前——其他专业中的海洋科学教育

鸦片战争以后，西方的文化渐渐影响中国，部分中国人也逐渐认识到需要向西方学习先进的科学技术，来"师夷之长以制夷"。尽管当时在世界上海洋科学也还没有成为一个独立的学科，但是它的一些知识点已经散布在其他的学科中进入了中国现代教育体系。

自洋务运动开始，清朝创办了 11 所海军学校，其中多与海洋有关，如 1866 年左宗棠在福建开设的马尾船政学堂，设有以船舶制造设计为主的前学堂，以航行驾驶为主的后学堂，培养了大批海军人才。创建于 1862 年的京师同文馆也于 1869 年开设了航海学课程。

1902年科举废除后，中国各地建立了许多小学和中学堂，开设地理课，其中均包括有海洋科学知识。而辛亥革命后，1913年国民政府教育部颁布的《大学规程》中规定大学文科地理学门第5个科目就是海洋学。而且1913年北京高等师范学堂建立史地系，1921年南京东南大学建立地理系，其中均有对海洋科学的涉及。

1921年厦门大学创立，聘请后来成为世界著名动物学家的美国人莱德（S. F. Light）执教厦大动物系，他对海洋无脊椎动物开展了研究，在厦门海域他发现了脊椎动物原祖宗亲的活化石——文昌鱼，并于1923年在Science上发表了这一结果，引起了世界关注。在这个时期，厦门大学开办暑期班，专门研讨海洋生物。

1930年4月～1932年9月，杨振声出任中国海洋大学的前身——国立青岛大学校长，提出了颇具远见的办学规划，力倡开办海洋生物学、海洋学、气象学。因此在国立山东大学时期（1932年起），学校开始重视海洋学科的建设与发展，在课程体系中设置海洋学与海洋生物等课程。山东大学的生物系从建立起就注重海洋生物研究，特别注重海产生物的采集与研究，鼓励学生利用休息日与节假日和老师一起去海滨采集动物标本。

在中国海洋科学教育与科研的发展中，青岛观象台起到了一个重要的作用。青岛观象台在德占时期由德国人建成，开展天文、气象、海洋观测（仅限于潮汐、海温），1924年方由中国政府从日本人手中收回。

1928年，青岛观象台成立海洋科，在原有的海温与潮汐两项海洋观测基础上，从法国购置仪器设备，并购置汽船，从事海洋各要素观测，关注物理海洋、海洋生物、海底地质等研究，我国著名气象学家，青岛观象台首任台长蒋丙然先生称"此为国人提倡海洋学之始"。

青岛观象台还于1932年创办了青岛水族馆，普及海洋知识，开展海洋生物研究，同年青岛观象台还设立了理化实验室，开展海水分析。1935年青岛观象台与北平研究院合作进行胶州湾海洋调查，并承担理化观测任务。

这里特别需要指出的是1935年，山东大学物理系为培养天文气象人才，与青岛观象台合作，设立天文气象组，尽管似乎与海洋关系不大，但是这却为未来的海洋发展打下了伏笔。

（二）1946年——开始海洋科学专业教育

1945年中国抗日战争取得胜利后，各行各业都在谋划快速发展，在此背景下中国海洋科学的专业教育也正式拉开帷幕。1946年，厦门大学成立了中国高校第一个海洋学系及第一个海洋研究所（中华海洋研究所）。同年在青岛国立山东大学复校纪念大会上，校长赵太侔认为："一个大学……也要注意他的特殊性。……青岛天然环境，与海洋有密切关系，所以我们计划设立海洋研究所，海洋物理、气象、生物、地质都是研究的对象。"这一点与当年杨振声校长的思想一脉相承。

1947年2月，国民政府教育部批准山东大学规划设置海洋学系并附设海洋研究所。但赵太侔认为，海洋系范围过大，四年课程无法安排。按照当时政府所能提供的办学条件，不可能一上来就建立海洋系，应该等待时机。但可以单独成立海洋研究所，作为动植物及水产三系研究之所。他亲自起草了海洋研究所大纲，对该所研究领域及其方向做出较详细的阐述。1949年赫崇本博士由美国回国受聘山东大学教授，1950年调入物理系天文气象组，1951年任海洋研究所副所长。

1952年是中国高等教育大变革之年，全国高校院系调整，海洋科学教育格局也发生了重大变化，厦门大学海洋系理化组调入青岛，与山东大学海洋研究所合并成立海洋学系，赫崇本任主任并筹建物理海洋学专业。1953年物理系天文气象组并入海洋学系，一方面加强了海洋动力学方面的研究，更重要的是奠定了海洋与大气学科融合的基础。

1959年山东大学主体迁往济南，在青岛留下约1/3人员，其中以海洋、水产两个系组成山东海洋学院，赫崇本为教务长，创建了5个系，即海洋水文气象系、海洋物理系、海洋化学系、海洋生物系、水产系，另外开始筹建海洋地质地貌系。共设10个专业：即海洋水文学（即原物理海洋学）、海洋气象学、海洋物理学、海洋化学、海洋动物学、海洋植物学、海洋地质地貌学专业，以及3个海洋水产相关的专业。至此，

在中国高等本科教育中海洋科学人才培养体系全面形成，此体系的完整程度在世界上也属前列。

山东海洋学院在创建之初就为中国海洋事业做出了巨大贡献，在全国首次海洋普查中（1958～1960年），山东海洋学院的师生积极投入，成为了全国海洋普查的主力军。国家也非常重视海洋教育事业的发展，国际上20世纪50年代末才开始建造专门的海洋调查船，我国的第一艘海洋综合调查实习船《东方红》也于此时期开始建造，在当时国民经济极端困难的情况下，几经周折，终于在1965年年底下水，安全运行30年，为中国海洋科学研究和教育立下了汗马功劳。

（三）1981年——开始海洋科学学位教育

1981年中国学位制度正式建立，和其他学科一样，海洋科学研究生教育得到了蓬勃发展。开始的时候，海洋科学之下一共设立了6个二级学科，即物理海洋学、海洋气象学、海洋物理学、海洋生物学、海洋化学和海洋地质。1981年，山东海洋学院的物理海洋学，厦门大学的海洋生物学，中国科学院海洋研究所的物理海洋学、海洋生物学成为首批博士点。这样，我国海洋科学人才培养已经涵盖了各个层次，这是海洋科学教育的一个重要发展。

1990年海洋科学之下又增设环境海洋学二级学科，至此海洋科学包括了7个二级学科，青岛海洋大学成为首个环境海洋

学博士点。1997 年海洋物理学并入物理海洋学，海洋气象转入大气科学一级学科之下，环境海洋学转入环境科学与工程一级学科之下。1998 年后，国家开始设立博士学位一级学科授权点，中国海洋大学和中国科学院海洋研究所在 1998 年成为首批海洋科学博士学位一级学科点，其后厦门大学（2000 年）、同济大学（2006 年）、中山大学（2010 年）、中国地质大学（2010 年）也成为海洋科学博士学位一级学科点。在 2007 年中国海洋大学和厦门大学成为海洋科学一级学科重点学科。

到了世纪之交，中国高等教育进入了大发展时期，一个明显的标志就是高校扩招。而在同一时期，不论国际国内对海洋事业都高度重视起来，1998 年是国际海洋年，此后国内的涉海大学蓬勃发展，先后出现了广东海洋大学、浙江海洋学院、上海海洋大学和大连海洋大学等。

1998 年以前，海洋科学专业的本科教育仅限于青岛海洋大学和厦门大学等几所学校，我国的海洋科学类本科年招生一般保持在 200 人左右，根据调查，大约有 40% 的毕业生继续攻读研究生，50% 以上的毕业生在高校、研究所或相关部门就业，改行的毕业生只有 10% 左右。可见当时的海洋科学专业招生规模基本合理。高校大规模扩招以后，部属院校本科扩招不多，主要是研究生规模扩大。扩大本科规模的主要是地方院校，涉及海洋科学专业本科教育的学校已达 30 多所。海洋科学专业已有了量的突破，年招生人数估计

1500～2000 人。相应地研究生数量也有很大提高，硕士生估计每年招生约 600 名，博士生每年约 250 名。

三、机遇与挑战

（一）国家需求和海洋科学的发展

据《2011 年国家海洋经济统计公报》，2011 年全国海洋生产总值 45570 亿元，比上年增长 10.4%。海洋生产总值占国内生产总值的 9.7%。其中，海洋产业增加值 26508 亿元，海洋相关产业增加值 19062 亿元。2011 年全国涉海就业人员 3420 万人，比上年增加 70 万人。足见海洋经济对于国家经济与人民福祉的重要性，以及长足的发展潜力。"欲国家富强，不可置海洋于不顾，财富取之海洋，危险亦来自海上"，要实现中华民族的伟大复兴，亟需建设海洋强国，而海洋人才的培养是实现这一目标的保证。

《国家中长期人才发展规划纲要（2010～2020 年）》将海洋列为专门人才紧缺的经济社会发展重点领域之一，认为未来需要海洋高新技术研发和产业化人才、海洋基础学科领军人才和海洋环境保障人才、极地科研人才和大洋勘探人才、生态建设与保护骨干人才和气候变化、环境保护专业人才。足见党和国家对它的高度重视。

为此《全国海洋人才发展中长期规划纲要（2010～2020 年）》提出打造七支海洋人才队伍，即海洋科学家及其创新团队、

海洋工程装备技术队伍、海洋资源开发利用技术人才队伍、海洋公益服务人才队伍、海洋管理和海洋战略人才队伍、海洋高技能人才队伍和国际化海洋人才队伍。

在这样一个需求下，如何应对国家需求是海洋科学高等教育者的使命，而且今天海洋科技已向大科学、大区域、大协作、高技术体系方向发展，海洋科学技术的发展方向和重点紧密地与人类生存和发展密切相关的重大问题相结合，诸如全球变化、环境问题十分活跃。

（二）对海洋科学高等教育的影响

同时社会的变革也对包括海洋科学在内的高等教育产生了深远的影响。首先20世纪末，国家提出在本科阶段要提倡素质教育、淡化专业，于是在1998年专业目录作出了重大调整，将原来以二级学科来划分的本科专业，调整成了海洋科学和海洋技术两个专业。但是海洋科学本身是以数理、化学、生物、地质等为基础的，任何一个人在上述几个方面都打好基础是不可能的，因此博与专的平衡是一个突出问题。

另外就是大众化教育带来的冲击，1978年，我国的高等教育毛入学率只有1.55%，1988年达到3.7%，1998年升至9.76%。1999年开始大学扩招，高等教育毛入学率快速上升，当年普通高校招生人数达到153万，招生增幅达到42%。2002年毛入学率达到15%，高等教育从精英教育阶段进入大众化阶段。2011年我国高等教育毛入学率达到26.9%（2011年全国教育事业发展统计公报），这与我国提出的到2015年毛入学率达到36%，与2020年毛入学率达到40%的目标还有一段距离。目前我国高等教育采取的是考试选拔制，人数的扩大意味着平均水平的下降，同时教育投入增长未按比例进行，即以人数而论，1989年在校本专科生总数208万人，2011年为2308万人（2011年全国教育事业发展统计公报），增长了10倍，而教职工人数则只从1989年的100万人，增加到2011年的220万人（2011年全国教育事业发展统计公报），仅增加了1倍。即使不算上由于科研任务比以前繁重而导致的教学精力投入的不足，显性的教学资源的稀释已经是显而易见了。

然而，现在社会对大学教育提出了更高的要求，非常典型的就是所谓"钱学森之问"："为什么我们的学校总是培养不出杰出人才？"关于这个问题，引起了社会上很大反响，这的确是一个艰深命题，为此教育部、中组部、财政部已启动"基础学科拔尖学生培养试验计划"（简称"拔尖计划"）（2009年），目标锁定为：在高水平研究型大学的优势基础学科建设一批国家青年英才培养基地，建立高等学校拔尖学生重点培养体制机制，吸引最优秀的学生投身基础科学研究，形成拔尖创新人才培养的良好氛围。但是这个问题的解决，在目前的教育背景下难度是很大的，需要进一步深入研究。

四、海洋科学教育的几点思考

基于上面的认识，结合海洋教育的特点对今后海洋科学教育提出以下思考。

首先要特色办学，海洋人才的需求是各个方面、各个层次的，各个大学也有自己不同的基础和特点。因此各个高等教育机构要找准自己的定位，突出自己的特色，而且定位要相对稳定，但是特色要与时俱进。

在办学理念上要提倡分类教育，这个分类教育不是由教育者采取选拔的方式将学生分为三六九等，而是提供多种教育的机会，给学生以选择权。其重要的策略是，体现阶梯性而不是金字塔，对学生的要求有不同层次，每一个层次都有立足的平台，而两个层次之间则有一定的梯度。这样一部分人总能不断向上攀登，并且随时就近选择一个平台落脚。这样，少数优秀者能攀登至顶点，而多数人也不至于落至塔基。

同时针对海洋科学的特点，在教育的过程中要考虑到实践教学的重要性，要加强海上实习、观测、资料分析等相关课程的教学，另外要研讨地学和物理、化学、生物等基础学科的交叉特色。

由于海洋学科的特点，对于以培养海洋科技高端人才为目标的大学来说，四年本科难以为这样的优秀学生打好基础，不妨采取本、硕衔接的方式，核心是强化基础，并将硕士课程下移。具体做法是在1～3年内，学生学习数理、化学、生物、地质等基础课程，同时学习一级学科下的基础知识，但要有所侧重；第四年分类进入二级学科学习，且可进行分流，一部分学生可以选择本科毕业，可以提供给他们强调广度的课程，另一部分则升入研究生阶段；第四、五年按照相应的二级学科进行深入的学习；然后再一次分流，欲取得硕士学位毕业的可以花1～2年完成硕士论文，另外择优选拔一部分转入博士论文阶段。这样做的一个很大好处就是给学生以选择权，在学士和硕士阶段都各有两种高低不同的要求，特别解决了目前本科高年级课程安排时如何平衡两种学生的困难。

学海丹舟

冯士筰院士
从教五十五周年

我所熟悉的冯先生

科学研究与学科发展背后的故事 *

1962 年清华大学工程力学数学系流体力学专业毕业后，我被分配到山东海洋学院工作。半个多世纪以来，主要从事物理海洋学和环境海洋学等方面的研究和教学工作。正当我在科研上起步之时，"文化大革命"开始了，灾难也降临到我头上，先是家被抄，后来又进了"学习班"。这期间，我有幸得到了我国海洋教育的先驱、物理海洋学的开拓者、著名海洋学家赫崇本教授的精神感召和指点迷津。1970 年年初，我又有幸开始了风暴潮方面的研究工作。随着改革开放政策的深入实施，我国的各项事业都在快速发展，"科教兴国"、"科教兴海"战略也得到大力推进，一批国家重大科技攻关项目相继启动，对外科技交流与合作也日益增多。正是在这种大背景下，我有幸参与了一些国家科研项目和中外合作研究项目，经历了自己人生中最忙碌、出成果最多的一段"激情燃烧的岁月"，亲历并见证了学校乃至国家海洋科教事业蓬勃发展的辉煌历程，至今回想起来，许多往事仍历历在目，对比之下，感触尤深。

一、历经三个"国家重大科技攻关项目"屡结硕果

1985 年，以文圣常先生为首，山东海洋学院参加了国家"七五"重大科技攻关第 76 项"海洋环境数值预报"的研究。文先生亲自担任其关键课题"海洋环境数值预报产品研制"的组长。其中，"（北方）风暴潮数值预报研究"专题组长由我担任。这是改革开放以来山东海洋学院首次参加"国家重大科技攻关项目"。研制海洋环境数值预报产品，在我国更是首次。这是一个机遇，也是一个挑战。风暴潮是由于强风和气压骤变引起的海面异常升高现象，是一种严重的海洋灾害。中国是一个风暴潮多发的国家，东南沿海频频受到台风风暴潮的袭击，而北方则多为寒潮或大风引起的风暴潮。当时，我国风暴潮的研究基本处于空白状态，没有第一手资料，研究条件极其简陋。至今难忘的是在沈育疆老师和刘龙太老师等通力合作下，我们曾先后环绕渤海进行了两次实地考察，其中许多地段是徒步完成的，由此获得了我国第一批关于风暴潮灾的珍贵资料，并在此基础上提出了风暴潮经验预报方法。然而，要

---

* 冯士筰口述，纪玉洪整理，高会旺稍作增删修改

从本质上认识和解决风暴潮预报问题，就必须首先探讨风暴潮的动力学理论。

说起风暴潮动力学理论研究，我就想起了赫崇本先生。20世纪70年代前期，正是在赫崇本先生的关怀和鼓励，以及施正铿先生的关心和支持下，我开始偷偷地进行这方面的研究。说偷偷地干，一点不假，那时科技工作者只能做实际工作，不得搞理论研究，否则就是走"白专"道路，这和改革开放后大家放手搞科研的情形是截然不同的，对此我深有感触。也算是"十年磨一剑"吧，到1982年，秦曾灏先生、孙文心老师和我共同的研究成果获得了"国家自然科学三等奖"。同年，我出版了《风暴潮导论》一书，这是第一部系统论述风暴潮的理论和预报方法的专著，荣获了1982年"全国优秀科技图书一等奖"。这为后面的研究打下了良好的基础。

到了20世纪80年代中期，"科教兴国"，"科教兴海"，我校科技事业也开始进入了整体发展的快速期，在我国海洋科技领域扮演了越来越重要的角色。1985年，国家启动了"七五"重大科技攻关项目中的"风暴潮数值预报研究"，我校承担的是"北方风暴潮研究"专题。当时，和我一起做这方面研究的主要是孙文心老师，我们带领和组织部分研究生一起开展工作，大家都付出了辛勤的汗水。总体来说，"七五"科技攻关专题任务完成得比较顺利，这一方面是因为有前面的研究作基础，另一方面也是因为研究环境和条件发生了很大变化。当时国家海洋局组织验收和鉴定后，给予

高度评价，认为建立了一整套独具特色且行之有效的预报方案，是我国所独创。

到了"八五"科技攻关期间，我国的风暴潮研究专题都统一归我校牵头，联合参与的单位包括厦门大学、国家海洋局二所、中科院海洋所、中科院南海所。当时的专题名称是"风暴潮客观分析、四维同化和数值预报产品的研究"，与"七五"相比，已扩大到包括风暴潮和天文潮非线性耦合增水预报和淹水范围的漫滩预报（英国和美国当时数值预报的功能仅分别具有前者和后者）。我是专题组长，主要由孙文心教授再加上从英国留学归来的汪景庸老师协助我组织实施和开展研究。该专题研究通过了国家验收，鉴定结论为：该研究成果已经达到国际先进水平。

在"九五"科技攻关启动时，因为年龄等原因，文圣常先生不再担任"海洋环境数值预报产品研制"的课题组长了，课题组长的担子交给了我。1993年起我担任了新成立的海洋环境学院院长，1994年又被任命为主管科研和研究生教育的副校长，后来又有教育部海洋科学与工程教学指导委员会主任等多项社会兼职，也担任全国政协委员、青岛市政协副主席等。我在这些管理工作、社会事务和参政议政活动等方面投入了不少时间和精力，再加上我校与德国汉堡大学的中德合作研究已经深入开展起来，我是中方负责人，所以当时的专题研究工作实际上主要由汪景庸教授协助孙文心教授组织实施完成的。

通过三个国家科技攻关"五年"计划

的实施，我国的"海洋环境数值预报"研究水平可以和国际接轨了。我深深地感受到，之所以能够取得这么丰硕的成果，显然得益于文圣常先生的言传身教，得益于有关部门和学校的全力支持，得益于改革开放政策的有力推行和"科教兴国"战略的大力实施，是全体参与人员通力协作辛勤付出的结果。连续十五年的科技攻关，在取得成果的同时，也培养了大量专业人才，为国家海洋预报事业累积了一笔宝贵的财富。

二、友好务实的赴美学术访问是多方向研究生长的"孵化器"

改革开放初期，我国和欧美等发达国家的海洋科研水平差距还是很大的。为了尽快追赶世界先进水平，国家每年都会选派人员到欧美等国进修或合作，我就是在这一背景下去美国访问的。

当时，"拉格朗日余流和长期物质输运"已经开始成为我科研中的又一个主要方向，这与我赴美进行的一年高访有直接关系。1983年6月1日，我和奚盘根先生一同赴美，在美国地质调查局水资源研究中心（USGS，WRD）进行高访，合作者是在该中心从事浅海和河口环境水动力学研究的高级研究员程大顺博士（Ralph. T. Cheng）。程先生比我小一岁，他和他太太的祖籍都在大陆，是美籍华人，爱祖国，很友善，我们的合作进行的非常愉快。其后，他差不多两年左右回国一次，我们也多次见面交流，一

直保持着良好的合作伙伴和朋友关系。

"拉格朗日余流"是当时居于国际前沿的浅海动力学新课题。这一课题具有重大而深远的意义，它不仅关系到浅海动力学本身，而且涉及环境、生态、沉积等重要领域，甚至还会动摇物理海洋学某些最基本的概念。所以，那次赴美学习和合作研究中双方确定下的题目就是有关"拉格朗日余流和长期输运研究"方面的问题。对于"拉格朗日余流"，我们在国内只是初步触及到了这一领域，而欧洲和美国当时处于国际上研究的前沿，程大顺先生又是这方面的知名专家。所以虽说是合作研究，但我们主要是抱着学习的态度去访问的。当然去之前，我们也有一定的研究基础并做了充分准备，这是出国学习和交流合作的前提。后来，我跟学生也反复强调这一点。正因为这样，美国同行对我们也是很尊重的。我记得当时我们还在美国访学期间，程先生还专程来中国访问了山东海洋学院，带回了我出版的那本专著《风暴潮导论》，他非常看中这本书，把它转送给了美国地质调查局水资源研究中心图书馆，让同事们都去查阅。由此可见，他对我国的科技成果是很看重的。

当时，他们那个研究中心的资料多、信息新，加上计算机系统发达，更由于程先生站在研究的前沿，所以科研效率很高，我们还到旧金山湾实地考察和观测过，所以，在这一年的访问中我的收获很大。其中，最主要是在"拉格朗日余流和长期物质输运"研究方面得出了两个崭新的结论，

并分别写成了两篇论文，我们认为这是两篇具有启发性的、令人相当感兴趣的基础性文章。当时，经程先生推动，还商定了下一次的"浅海海湾、河口及陆架物理学国际学术会议"在青岛召开，由我们山东海洋学院承办。

1984年6月1日，我结束了在美国一年的高访任务回到学校，进入了刚刚成立不久的物理海洋研究所工作。这个研究所成立于1983年，当时是国家教委为加强高校科研工作，促进学校"两翼齐飞"（教学与科研共同发展），经国家教委批准，学校成立的两个重点研究所之一，时任山东海洋学院副院长的文圣常先生兼任所长。另一个是河口海岸带研究所，时任副院长的赫崇本先生兼任所长。1986年，文圣常先生担任了山东海洋学院院长后，卸任了物理海洋研究所所长一职，推荐我接任了所长。后来的事实表明，这两个研究所的成立意义非常重大。

回国后，根据国家的需要，在学校的支持下，我和同事们着手在物理海洋研究所建立了浅海动力学研究室，为学校开辟了一个新分支——浅海动力学，在开展研究的同时，也为本科生和研究生开设了相关课程。这个研究室的建立，不仅为前面讲的风暴潮数值预报研究和后面要讲的中德合作研究搭建了一个平台，也为海洋生态系统动力学的开辟作出了贡献，特别是建立环境海洋学博士点和环境科学与工程学院的"生长点"和"孵化器"。

1985年5月，我受邀再次到美国地质调查局水资源研究中心访问，共呆了两个周的时间。在同程大顺先生进行合作交流中，进一步推进了"拉格朗日余流"理论的研究，由深度平均二维潮系统中的正压模型推广为三维潮系统中的斜压模型，并一起准备了1986年在青岛召开的国际学术会议上要宣读的学术报告。1986年11月3日，在我校科研处、外事办公室等部门的大力支持与协助下，"浅海海湾、河口及陆架物理学国际学术会议"如期在我校召开了，会期3天。这是自建校以来，我校独立承办并成功召开的第一次国际学术会议，也是我国在进一步开放沿海港口城市后首次召开的浅海物理学国际学术会议。文圣常院长致开幕词。来自美国、英国、比利时、荷兰、德国（当时是联邦德国）、苏联，以及我国各地的80余名物理海洋学专家、学者与会，大家交流了有关潮汐、风暴潮、环流、海浪与内波、沉积物输运等研究内容。

这次会议共收到论文87篇，中国学者提交了61篇，我校占31篇。我国学者在此领域的研究成果受到国外同行的关注和赞赏。德国汉堡大学海洋研究所所长Sündermann教授在谈到对此次会议的印象时说，会上宣读的论文具有较高的理论价值和应用价值，能够代表国际水平。如中国学者宣读的关于河口海水混合机制与环境污染等方面的学术报告，表现了较深的研究层次和可贵的创新意识。程大顺先生称赞我国学者浅海物理学的理论研究是高水平的。会后，由海洋出版社出版了一本论文集。该次会议的成功召开，也为我校后续组织和召开国际性学术会议积累了经验。

1988 年这个系列学术年会是在美国召开的，由程大顺先生主持，我应邀又一次赴美访问，并作了潮致－风生－斜压浅海环流模型问题的报告。1990 年，以此为基础我发表了"在一个多频震荡系统中的拉格朗日余流和长期物质输运"论文。1990 年，联合奚盘根先生和孙文心老师等，我们申报的"拉格朗日余流和长期输运过程的研究——一种三维空间弱非线性理论"，获得"第四届国家自然科学奖三等奖"。根据我们提议，经国家科委批准，在获奖人名单中署上了美籍华人科学家程大顺先生的名字，算是对我们这一长期合作画上了一个圆满的句号。而且我们之间的深厚友谊永远长存，直到现在我们每年尚有来往。

应该说，我们和程大顺先生之间开展的中美交流与合作研究是非常务实有效的，可以说是一个多学科生长的"孵化器"，不仅为我和我的同事、学生们在浅海动力学，特别是"拉格朗日余流和长期输运过程"方面的进一步研究奠定了基础并加快了研究进程，更为其后我国的环境海洋学和海洋生态系统动力学的发展奠定了水动力学的基础。我想，如果没有这种合作，或许，我们不会这么快地走到今天。

三、卓有成效的"中德政府间合作"促进科学研究、人才培养双丰收

从 1980 年中期一直到 21 世纪初，由我校和德国汉堡大学共建的中德合作交流项目开展得非常成功，取得了丰硕的成果，在我校乃至我国的海洋多学科综合研究中有着重要的地位。我有幸参与了并在后期组织和领导了这个合作交流项目。

借 1986 年 11 月 3 日"浅海海湾、河口及陆架物理学国际学术会议"在我校召开之机，德国汉堡大学的海洋研究所所长 Sündermann 教授应邀来青参加会议，我校文圣常院长于 11 月 6 日，与他签署了《山东海洋学院和汉堡大学海洋研究所的合作协议》。根据协议内容，此后 20 多年间，双方连续进行了 10 多个合作项目。合作研究的方式从人员互访发展到联合出海调查，研究领域也从单一的物理海洋学发展到跨学科的海洋生态系统动力学研究，有力促进了我国浅海动力学研究水平进一步与世界同步。

在这些合作研究中，我印象最深的、也是文圣常先生认为最有成效的要数在中德政府间合作框架下的双边合作项目"渤海生态系统综合分析和模拟"的研究了。那时候，中外合作在本质上大都以外国人为"主"，中国人为"辅"，但我们这个中德合作项目却是一次"平等"的合作。我们中方申请了国家自然科学基金用于资助项目研究，Sündermann 教授也在德国申请了研究经费用于合作。中方和德方各设一名

首席科学家，我担任中方首席科学家，德方首席科学家就是 Sündermann 教授。这是一个跨学科的研究项目，涉及物理和化学、生物等方面，我方的化学专家先为陆贤昆教授，后为张经教授。双方不仅共同出人、出钱、出物，还共同出思想。例如，就环流动力学和输运方面讲，经双方商妥，中方参与合作的理论主要是围绕着"拉格朗日余流和长期输运"理论，德方参与合作的是围绕着"汉堡陆架海模型"（HAMSOM）数值模型。特别值得提出的是，在"渤海生态系统综合分析和模拟"研究期间，为了获取第一手调查资料，我们双方曾于1998年9～10月和1999年4～5月，共同组织了两次渤海海上综合调查。所使用的调查船是我校的"东方红2号"海洋综合调查船，这条船是1996年1月正式投入使用的，船的各项性能和设备均达到了当时国际同类调查船的先进水平。德方提供了价值40万马克的先进仪器用于海上调查；提供35天的海上航次费用，并提供先进设备进行样品分析。该项合作的第一次出海共有63名科技工作者登船，其中德方有8人。调查内容包括海洋水文、海洋气象、海洋化学、海洋地质、海洋生物等。两次出海双方各出一名首席科学家上船，中方首席是我培养的博士魏皓老师。

差不多从1990年年初开始，我们双方每年都会召开一次学术研讨会，轮流在两国举办。研讨会上，大家平等交流，气氛既融洽又坦诚，有时也会针对某个学术问题争论得面红耳赤，这不仅丝毫没有影响彼此间的合作，而且一旦取得共识大家还会庆贺一番。我至今还记得，有一次，在汉堡大学讨论问题时非常热烈，中午大家仅仅吃了一点饼干，接着讨论到晚饭前。最后，为了庆祝大家意见最终达成了一致，Sündermann 教授拿出了早已准备好了的香槟酒一起干杯。俞光耀教授本来胃就不太好，又饿着肚子，喝了多半杯香槟后，一下子晕倒了。Sündermann 教授赶忙打电话叫来了急救车，大家七手八脚地好一阵忙活，好在俞教授并无大碍，算是虚惊一场。就这样，在这愉快的合作与交流中，我们双方结下了深厚的友谊。说起来，Sündermann 教授的中文名叫孙德曼，还是我们给他起的，他非常喜欢这个名字。

我的感受是，我校的中德合作成果颇丰，这是一种长期稳定可持续的科学合作关系，双方在科研资源互享、学术思想传播和加深中德科学家间的友谊等方面作出了很大贡献，正如德方政府认为的堪称政府间合作的典范。除了合作研究外，双方还在人才培养方面进行了合作。譬如，汉堡大学接受了10余名我校的科学家及博士生在德国进行半年以上的访问研究，其中两人获得汉堡大学博士学位，如现任环境科学与工程学院院长的江文胜教授就是其中之一。通过中德合作培养和成长起来的我方科技人员后来都成为了本领域的专家，有的还走上了校、院的领导岗位，如物理方面的环境科学与工程学院前院长高会旺、海洋环境学院前院长魏皓等老师，化学方面的于志刚校长、刘素美等老师，更有成了中科院院士的张经教授。2004 年 2 月，我们联合在国际重要学术期刊《Journal of Marine System》上推出成果总结性的论文专辑，主题是"渤海生态综合分析和模拟"，由 Sündermann 教授和我任主编。

2009 年，国家外专局为 Sündermann 教授授予中国政府"友谊奖"，这不仅是对 Sündermann 教授的一个褒奖，也是我们双方数十年来精诚合作结出的友谊之花。现在我校中德间的友好合作已经在双方中青年科学家之间延续和扩大，我校于 2011 年 2 月正式成立了"中德海洋科学中心"，现由年轻的新晋中科院院士吴立新教授担任领导。我相信双方的实质性科技合作定会长期稳定可持续地发展下去。

四、建立我国首个"环境海洋学"博士点，促进新兴学科快速发展壮大

说起来，我校环境科学研究起步还是较早的，改革开放初期，部分教师已开始了海洋环境动力学方面的探索。1984 年，山东海洋学院就成立了"海洋环境保护研究中心"，这个中心是在由赫崇本先生领导的"河口海岸带研究所"的基础上整合组建而成的，当时刚刚访美归国的奚盘根先生出任第一任中心主任。

从 20 世纪 80 年代中期开始，我校在建立了物理海洋研究所的"浅海动力学研究室"的基础上，随着海洋环境数值预报研究和我校上述中美、中德两个合作研究

项目的深入开展，与海洋系俞光耀等有关老师合作，我们在海洋环境动力学方面的研究也如火如荼地开展起来了，这其中与持续进行的"拉格朗日余流和长期物质输运"方面的研究关系最密切。到 20 世纪 80 年代末的时候我们已经取得了一系列重要成果，如早期的研究成果应用于国家环保局下达的重大课题"渤海及十个海湾水质预测和物理自净能力研究"，该课题研究成果 1988 年获得了"国家科技进步奖"。经过十几年的建设，我校的"环境海洋学"这一学科整体上已经发展得相当不错，处于全国领先水平，申报博士点似乎应该水到渠成了，但实际情况却是很艰难的，我亲历了这一过程。

在 1990 年申报博士点的时候，学校让我牵头，组织了海洋环境动力学、环境化学、环境生物学等方面的教授联合提交申请报告，环境化学方面是化学系孙秉一教授为主带头参与的，环境生物学方面是生物系李永琪教授为主带头参与的。当时申报"环境海洋学"博士点之所以难，主要是因为在此之前我国根本就没有"环境海洋学"这个博士点，所以，首当其冲必须要解决国务院学位办同意在海洋科学中增设新的二级学科"环境海洋学"的学位点。毋庸置疑，这第一道坎儿是最为关键的，也是最难的，因为当时正赶上了国家在压缩学位点。后来，之所以国家批准新设这个点，主要是因为在我们的不懈努力下，促使国家对海洋环保问题日益重视起来和对培养相应高级人才的迫切需要。

这第一个坎儿突破后，下一步就迎刃而解了。1990年，经国务院学位委员会批准，青岛海洋大学增设了"环境海洋学"博士点，这是全国设立的第一个"环境海洋学"博士点。当时一同获准设立的还有"环境海洋学"硕士点。我则由原来的"物理海洋学"博士生导师通过遴选成了当时全国唯一的一名"环境海洋学"博士生导师。回想起来，我们当时申报设置的这个博士点是很幸运的，也是来之不易的，是学校和文圣常先生的远见卓识，是有关老师精诚合作、用多年的心血和付出换来的。

"环境海洋学"博士点在我校的设立不仅顺应了国家对解决海洋环境问题的迫切需求，促进了这个新兴学科的快速发展壮大，而且还搭建了一个平台，招收培养"环境海洋学"硕士和博士生，不断为国家培养一批批的高层次人才。伴随着国际国内对环境科学研究的日益重视，我校审时度势，仅在几年时间内相继打出了一组"组合拳"，使海洋环境科学这一新兴学科得到进一步加强、扩大和完善。现在回想起来，

我们中国海洋大学的海洋环境科学能够发展的这么快、这么好，当然与1990年"环境海洋学"博士点的成功设立有着直接的关系。从"环境海洋学"以及后来的"环境科学"博士点上已经走出了一批高层次人才，他们中许多人已成长为我国科技、教育等领域中研究或管理的骨干，如现任国家海洋环境预报中心主任王辉教授和中国环境科学研究院院长、中国工程院院士孟伟教授等都是在这里完成的博士学位。

记得在1997年我当选为中国科学院院士后，学校专门召开的庆祝会上我讲过了发自肺腑的三句话：第一，是改革开放政策为科教事业的大发展提供了一个良好的国内国际大环境，没有改革开放也就没有现在的我；第二，我遇到了许多好老师、好前辈，像赫崇本先生、文圣常先生等，正是在他们的言传身教下，我才会走到了今天；第三，这些成绩中也都凝聚了许多人的心血和智慧，在此我要向所有合作者、协作者，包括中国的、外国的，还有我的学生们表示深深的敬意和真诚的感谢！

领异标新积极进取 *

青岛的小鱼山上有一栋德式小楼，曾是原山东海洋学院单身教工宿舍楼。1962年，清华大学分配来的一名应届毕业生住进了这栋小楼的一个小房间。从那时起，每当深夜岛城早已沉睡、万籁俱寂，而这栋小楼的一个窗口的灯光却依然亮着、亮着……

灯光下，一个青年正在埋头读书，他就是那位清华大学的毕业生、后来成为我国著名物理海洋学家和环境海洋学家，中国科学院院士，现任青岛海洋大学物理海洋研究所所长的冯士筰教授。

深夜的小鱼山有一处依然闪亮，那是冯士筰夜读的灯光；漆黑的大海远处有一星灯火，那是一艘正在驶向远方的航船……

一

1937年3月，冯士筰出生于天津的一个书香名门。家庭的熏陶，使他自幼养成了勤奋好学的精神。中学时代，冯士筰又在闻名京津的天津耀华中学得益于老师们的谆谆教诲和辛勤培育。正是在那里，他立下了为科学奋斗一生的雄心壮志。

在清华大学，冯士筰不仅打下了的数理基础，学到了专门知识，更重要的是还学到了严谨的科学研究方法。他学习勤奋努力，每天晚上总是学到教室熄灯才回到宿舍，然后拿起一个冷窝窝头……，身边的同学都觉得他生活太苦了。

"书山有路勤为径，学海无涯苦作舟"，这幅对联脍炙人口。然而对冯士筰来说，却是"学海无涯'乐'作舟"。他热爱读书，从读书中他饱尝了巨大的欢乐。在青岛海洋大学不少人还记得，当年当人们得知青年教师冯士筰每晚挑灯夜读而向他道一声"真辛苦"时，他总是笑着指指桌上的书说："不辛苦，这是我的情人"。

年轻的冯士筰就显露了他的创造精神，按他的话说，他"尊敬甚至崇拜权威，但不迷信权威"。对于前人的成果，他决不生吞活剥，而是批判地继承和努力地发展。到1966年，他已基本形成了具有自己独到之处的海洋动力学学术思想的基础。后来，他对风暴潮和浅海动力学的研究，就是在这一基础上发展起来的。

Munk是世界上享有盛名的物理海洋学家。他于1950年建立了著名的大洋风生环

*孙文心，魏皓，张平，魏更生. 1998. 名家治学之道：领异标新积极进取——记中国科学院院士、青岛海洋大学教授冯士筰. 高教自学考试，第11期（总第171期）：14-16

流模型，但该模型未考虑热盐因素的重要作用，从而使大样热盐环流成为海洋界研究的热点之一。1964年，冯士筰在深入研究 Munk 风生环流模型的基础上，建立了大样风生－热盐环流模型。1966年正当他准备发表关于这一模型的重要论文时，中华民族一场史无前例的大灾难开始了。

二

灾难也落到了冯士筰的头上。他在天津刚组成不久的小家竟被抄一空。后来，他被冠以"资产阶级孝子贤孙"的罪名打入了所谓"学习班"，遣送农村，强迫劳动。然而就在这期间，他有幸得到了我国海洋科学的先驱、著名海洋学家赫崇本教授的指点，并与赫崇本教授结下了忘年之交。

赫崇本教授与冯士筰同在一个"学习班"，而且同住一间破旧的磨房。白天他们顶着凛冽的寒风一起劳动改造。夜晚入睡前，在冰冷的土炕上，谈论海洋科学的历史和前景。赫崇本教授对祖国海洋事业的无限忠诚，使冯士筰深受感动。他多么渴望有一天能重新投身于海洋科学，实现自己的追求和抱负啊！1970年，这一天终于到来了。

风暴潮——由于强风和气压骤变引起的海面异常升高现象，是一种严重的自然灾害。一次大的风暴潮灾可能使几万人甚至几十万人丧生，经济损失可达几亿甚至几十亿元，难怪有人把它比喻为"来自海上的杀人魔王"。我国是一个风暴潮多发的

国家。东南沿海频频受到台风潮的袭击，而北方渤海则受到寒潮导致的风潮的袭击。在20世纪60年代，仅渤海就发生了3次特大风暴潮灾。1970年，在周恩来总理的过问下，中国对风暴潮的研究终于又起步了。

冯士筰接受了风暴潮科研的任务，他终于从"学习班"这个思想和肉体的牢笼里解放出来，回到了他所热爱的科学的殿堂。他无法抑制内心的兴奋，浑身充满了无穷的力量。当时，我国海洋科技工作者对风暴潮的理论和我国风暴潮的实际状况还几乎一无所知。风暴潮的研究在我国基本处于空白状态。面对风暴潮这块硬骨头，一般人信心不足、望而却步。而冯士筰却毫不动摇，非把这块硬骨头啃下来不可。

为了获得风暴潮的第一手资料。冯士筰等人于1970年环绕渤海进行了两次实地考察。他的足迹遍及渤海周围的山东省、河北省、天津市和辽宁省的40多个县市，行程达4000多千米，而其中的2000多千米是完全徒步跋涉的。他走村串户向渔民、农民和盐民了解风暴潮的一般常识；他走访地方政府，查阅了几百年来甚至1000多年来当地县志的风暴潮历史记载；他到水利部门和验潮站搜集风暴潮的有关数据。考察途中，他走过泥泞浅滩和可怕的沼泽，他挨过饥渴、露宿过荒野……他终于获得了我国第一批关于风暴潮灾的珍贵资料。经过几年的钻研和计算机计算，他与合作者研制成功了先进的风暴潮经验预报方法。

然而，要从本质上认识和最终解决风

暴潮的问题，就必须建立风暴潮的动力学理论。但在 20 世纪 70 年代初期，科技工作者只能做实际工作，不得研究理论，否则就是走"白专"道路。冯士筰冒着极大的政治风险偷偷地潜心于风暴潮的理论研究。每当夜深人静，他打开书卷，便进入了风暴潮理论的神圣王国。

冯士筰永远也不会忘记赫崇本教授给予他的巨大帮助。每次他偷偷地请教赫崇本教授，赫崇本教授总是热心地指导他，亲切地鼓励他。老一辈海洋学家的关怀，激励着他顽强地拼搏着……

1971～1974 年，冯士筰偷偷地进行了将近 4 年的理论研究。在此期间，他系统地分析和研究了风暴潮的概念、理论和数值预报的动力学模型，大胆地创立了与众不同的超浅海风暴潮理论。自 1975 年起，冯士筰与合作者发表了数篇论文，论述风暴潮的理论和超浅海风暴潮动力学模型。超浅海风暴潮理论得到了发展。1982 年，这一研究成果获得了"国家自然科学三等奖"。

1974 年，冯士筰首次开出了"风暴潮"的专业课。在冯士筰编写的教材中，大部分是他个人理论研究的成果。几年后，在此基础上经过充实和完善，他精心完成了我国唯一的一部关于风暴潮的理论专著——《风暴潮导论》。这一专著荣获了 1982 年"全国优秀科技图书一等奖"。至此，冯士筰已被公认为我国第一流的风暴潮专家。

在这期间。他还在浅海潮波、边缘波和大洋环流等领域发表了具有独特见解的高质量论文。在海洋界，冯士筰赢得了人们的普遍尊敬。

三

冯士筰教授的床头上总是放着各种各样的文学书籍。他爱诗词，也动手写。他喜欢郑板桥的诗句"删繁就简三秋树，领异标新二月花"。这是他的座右铭，更是他人生的写照。

1983 年夏，冯士筰飞抵美国旧金山，在美国地质调查局水资源研究所与美方进行了为期一年的真诚合作。

"拉格朗日余流"，是浅海动力学的新课题。冯教授凭着极强的学术敏感性，立即意识到这一课题具有重大而深远的意义。该课题不仅关系到浅海动力学本身，而且涉及环境、生态等重要领域，甚至还会动摇物理海洋学某些最基本的概念。他立即投入了"拉格朗日余流"和长期物质输运过程的理论研究。他没有一味地接受已有的研究成果和方法。而是在自己独特的海洋动力学基础上开辟了一条崭新的途径。通过这一途径，得到了一系列重要结论。尤其是导出了一个全新的长期物质输运方程。这一方程的形式与人们一直广泛应用着的方程的形式截然不同。该方程一经问世。立刻得到了国内外同行们的重视。

在美国"面壁"一年，冯教授没有闲暇在各地旅游观光，甚至挤不出时间游览他所在的城市。然而他却带着最新的科研成果回国了，而且立即开拓了浅海动力学的新领域。

积极的工作取得了丰厚了回报，此后十年中他在浅海"拉格朗日余流"和长期输运研究中作出了突出贡献。他建立了以拉氏时均速度的最低阶近似——物质输运速度来体现浅海环流速度基本场的新理论框架，导出了浅海潮生－风生－热盐环流基本方程组，建立了一种新型的长期的输运方程。这一成果引起国、内外同行的广泛关注，M. Dortch 等将其系统而成功地用于美国 Chesapeake 湾时均浓度场的模拟和长期预测；Carl Cerco 将拉氏余流用于 Chesapeake 湾的富营养化模拟和湾内生态系统对营养盐负载的响应机制研究，取得了满意结果；此理论在中国陆架海环流研究中起到了指导作用。美国《空气动力学、流体动力学和水动力学进展》评述其为"重要进展"。冯士筰及其合作者系统发展的"拉格朗日余流"及长期输运过程的动力学理论在国际同类研究中处于前沿地位，成果"拉格朗日余流和长期输运过程的研究——一种三维空间弱非线性理论"曾获"第四届国家自然科学奖"三等奖和"1988年国家教委科技进步奖"一等奖，此项研究为近海污染物理自净、悬移质输运、海洋环境预测和近海生态系统动力学等诸方面，提供了海洋环境流体动力学基础。

四

冯士筰教授 1984 年首次访美回国后，出任青岛海洋大学物理海洋研究所所长，在该所建立了浅海动力学研究室，为学校开辟了物理海洋学的一个新分支——浅海动力学，开设了本科生、硕士生和博士生的有关课程。参与建立了我国物理海洋学重点学科点和海洋科学博士后流动站。冯士筰教授还组织海洋环境动力学、环境化学和环境生物学等有关教授和专家于 1990 年申请、并获准建立了我国第一个"环境海洋学"博士点；现已成为山东省重点学科。如今，冯教授已培养出博士研究生 19 名，硕士 14 名，现正在和上述几个学科的有关教授和专家一起培养博士生 12 名。

冯士筰教授自幼好学、尊敬师长、治学严谨、谦虚谨慎、作风正派、爱护学生、宽以待人、严于律己。正是靠他的这种品质，十多年来以他为学术带头人已经形成了一个学术风气正、钻研精神强、团结融洽的浅海动力学研究梯队，梯队中每个人都能充分发挥自己的聪明才智，淡泊名利而一心治学。冯教授宽容大度的大家风范确实是形成这一让人称羡的研究集体的灵魂。在商品经济的大潮中，冯教授教育学生要耐得住清贫，他说：只有真正以科研为乐的人，才会有所建树，才会真正做到为祖国科学教育事业而献身。

冯教授现在还兼任国务院学位委员会海洋科学评议组组长；全国博士后管委会学科专家组成员；中国博士后科学基金会学科专家组成员；国家教委科学技术委员会地学部副组长；国家教委高等学校理科海洋科学教学指导委员会主任委员；山东

省学位委员会委员；山东省自然科学基金委员会委员、地球科学组组长。国际海洋物理科学协会（IAPSO）和海洋研究科学委员会（SCOR）中国委员会委员；世界大洋环流试验（WOCE）中国委员会委员，兼专家组副组长等职。中国海洋湖沼学会常务理事；中国核学会计算物理学会常务理事；中国海洋湖沼学会计算海洋物理专业委员会主任；中国风暴潮及海啸研究会理事长；山东省力学学会理事长；中国力学学会常务理事。全国政协委员，青岛市政协副主席；民建中央常委，民建山东省副主委，青岛市主委等职。他将以花甲之年，为促进社会科学的发展、社会的进步作出更大的贡献。

冯士筰：符号数字皆诗情 *

冯士筰院士每每说起自己如何走上物理海洋研究之路时，总是认真地说这就叫缘分。原本想从事火箭、导弹研究的他，现在却成了国际知名的物理海洋学家和环境海洋学家，成了国务院学位委员会海洋评议组组长、教育部海洋科学工程教学指导委员会主委。冯老开玩笑说这叫歪打正着。要不然自己既不能有幸从事被列为我国十大灾害之一的风暴潮研究，也不可能在不但实际应用性很强、而且理论上也及具有吸引力的浅海环流和长期物质输运研究等方面取得一些成绩，更不要说对物理海洋学科发展做点贡献了。

一、走上科研路

在 1962 年分到山东海洋学院工作之前，冯士筰从来没有想过自己以后要从事物理海洋的研究。1956 年，他考上清华大学的流体力学专业。和那个时代的许多年轻人一样，冯士筰向往去研究火箭和导弹。因为父亲 1957 年被错划为右派，"根不正苗不红"的冯士筰进不去国家军工单位。但他也不知道自己为什么不对口地分到了

海洋系。直到 1963 年年初，他到赫崇本先生家拜年时，才知道是赫先生基于多学科交叉发展和因他成绩优异而特意把他要到学校来的。

出生于天津一个书香世家的冯士筰，从小就刻苦好学。清华读书时，更是出了名的"苦行僧"。他大学的同窗好友孙文心教授现在还清楚地记得，冯士筰每天都是最后一个从图书馆或者教室回宿舍的。回来后，饿了还会抱着冰冷的窝窝头啃几口。工作后，冯士筰看到了自己与新方向间的差距还很大，学习更加努力。所有的人都酣然入睡了，他的窗口总还亮着灯光。很快，冯士筰就入了行。1964 年，他在深入研究了当时享有盛名的物理海洋学家 Munk 大洋风生环流模型的基础上，找出该模型未考虑热盐因素的不足，建立了大洋风生——热盐环流模式。正当他准备发表关于这一模型的论文时，"文化大革命"突如其来地发生了。

冯士筰被关了牛棚，但幸运的是他和赫崇本先生关在了一起。白天他们一起劳动，晚上赫先生不仅会给他讲海洋科学的历史和前景，而且还鼓励他不要因暂时的

* 吕晓霞.2007.冯士筰：符号数字皆诗情.见：魏世江主编.走进海大园：大师足迹篇.青岛：中国海洋大学出版社.202-205

困难而气馁。那段不堪回首的日子里，冯士筰的心总是热乎乎的，对未来也充满着期盼。

1970 年，在周恩来总理的过问下，我国风暴潮研究起步了。冯士筰从牛棚里被解放了出来，接受了这一极有挑战性的课题。

二、挑战风暴潮

风暴潮是发生在海洋沿岸的一种严重自然灾害，这种灾害主要是由强风和气压骤变（高潮水位）共同引起的海面异常升高现象。强烈的海风和低气压产生了汹涌的海涛。风暴潮产生的增税和巨浪相结合，不仅可以迅速席卷内陆地区，摧毁建筑、淹没农田、切断人们逃生路线，而且会颠覆狭窄港口中的船只，甚至会造成巨大的洪灾。一次大的风暴潮可能使几万甚至几十万人丧生，经济损失可达几亿甚至几十亿元。

我国是风暴潮高发国家之一，从历史资料看，几乎每隔三四年就会发生一次特大的风暴潮灾。1956 年 8 月 1 日～2 日，台风风暴潮在浙江象山登陆，给整个浙江东部、上海造成了巨大的损失。浙江全省75 个县市均遭到极其惨重的灾害；上海有很多电线杆被刮倒，人行道树木被折断30% 以上。此次潮灾共死亡 4629 人，受伤2 万余人。到了 20 世纪 60 年代，仅渤海就发生了三次特大风暴潮灾。

世界主要海洋国家早在 20 世纪 20～

30 年代，就已经开始了风暴潮的预报研究工作。而我国直到 20 世纪 70 年初还对风暴潮理论和我国风暴潮的实际状况几乎一无所知，风暴潮研究在我国基本处于空白状态。冯士筰的研究面临着极大的挑战：没有资料、没有实践、没有理论。

为了获得风暴潮的第一手资料，1970年冯士筰等人环绕渤海湾进行了两次实地考察，足迹遍及渤海周围数省的 40 多个县市，行程 4000 多千米。其中的 2000 多千米完全是徒步跋涉的。他们走村串户向渔民、农民和盐民了解风暴潮的一般常识；走访当地政府、查阅当地县志，寻找有关记载；他们还反复到水利部门和验潮站搜集有关数据。冯士筰终于获得了国内第一批关于风暴潮灾害的珍贵资料。

要从本质上认识和最终解决风暴潮，当然首先要探讨其机制，因为只有弄清风暴潮的发生机制，建立一定的模式，风暴潮预报预测才能科学准确。研究中冯士筰发现：在南方风暴潮多有强台风引起；而在北方，寒潮也能在渤海掀起风暴潮。虽同为风暴潮，但二者的动力源和引发机制并不尽相同。冯士筰的这一发现，不仅具有深远的理论研究意义，而且具有相当的应用价值。1975 年，冯士筰及其合作者一连发表了数篇论文，系统论述了风暴潮的概念、理论和数值预报的动力学模型，建立了独特的超浅海风暴潮理论。1982 年，该成果荣获了国家自然科学奖三等奖。同年，冯士筰将自己几年前集结的研究成果撰写成《风暴潮导论》一书发表刊行，这是国内外第一部关于风暴潮的理论专著，它不仅为物理海洋、海洋气象、海洋工程，以及相关学科的研究生提供了第一部风暴潮系统教材，而且也成为我国第一部从事海洋、气象、河口海岸和环境工程的科技工作者的重要参考书。它标志着我国对于风暴潮的研究已经进入世界风暴潮研究之林，也标志着冯士筰已经跨入我国一流物理海洋学家行列。

此后，冯士筰又先后主持了国家"七五"攻关项目"风暴潮数值预报研究"专题和国家"八五"攻关项目"风暴潮客观分析、四维同化和数值预报产品的研究"专题。这两次攻关，不仅使我国风暴潮研究进入世界先进行列，而且使得冯士筰成为蜚声国际海洋科学界的物理海洋学家。

三、跨入新领域

1983 年，冯士筰作为高级访问学者，飞抵美国旧金山，同美国相关单位进行为期一年的合作。这次合作又使他的科学研究进入了一个新的领域：拉格朗日余流及长期物质输运。

"拉格朗日余流"是当时学界最有争议的前沿课题之一。冯士筰和他的合作者敏感地认识到该课题不仅关系到浅海动力学本身，而且涉及环境、生态等重要领域，甚至还会动摇物理海洋学某些最基本的概念。他们在前人研究成果的基础上，解析了欧拉余流理论的缺陷，深入分析了拉格朗日余流和欧拉余流的本质差异，提

出了一种拉格朗日余流和长期物质输运的理论模型，导出了一个全新的长期物质输运方程。该方程一问世，立刻引起了国内外同行们的重视。回国后，冯士筰在对该问题深入研究的基础上，开始了从根本上改造近海或河口环流传统理论的研究工作。此后十年，他建立了以拉氏时均速度的最低阶近似——物质输运速度来体现浅海环流速度基本场的新理论框架，导出了浅海潮生－风生－热盐环流基本方程组，建立了一种新型的长期的输运方程。他的研究成果很快应用于实践。如，国家环保局的重大课题"渤海及十个海湾水质预测和物理自净能力研究"就应用了其早期成果，该课题已获 1988 年国家科技进步奖。M. Dortch 等也将其系统成功地用于美国 Chesapeake 湾时均浓度场的模拟和长期预测；Carl Cerco 等又将其进一步用于 Chesapeake 湾的富营养化模拟和湾内生态系统对营养盐负载的响应机制研究，取得了满意效果。此理论在中国陆架海环流研究中起到了指导作用。冯士筰研究成果中的弱非线性理论也荣获第四届国家自然科学三等奖和 1988 年国家教委科技进步一等奖。

冯士筰的这一研究成果，为近海污染物理自净、悬浮质输运、海洋环境预测和近海生态系统动力学等诸多方面，提供了海洋环境流体力学基础，得到了国内外同行和专家的重视和好评。在中德政府间科技合作框架下，中国海洋大学与德国汉堡大学运用此成果进行了渤海生态系统分析

与模型合作研究，在物理海洋、浮游生物、生物地球化学等各学科及其交叉研究方面均取得实质性成果。双方合作的 8 篇论文已在国际一流的学术杂志 Journal of Marine System 发表，这对于促进我国刚刚起步的生态系统动力学研究，使其尽快与国际接轨，会起很大的推动作用。

硕果累累的冯士筰，1997 年当选为中国科学院院士。那年冯士筰正好花甲之年，他为自己又确定了海洋环保的新方向。冯士筰动情地说："中国的海洋环境状况不容乐观，一些海域发生的环境污染事件令人担忧。我赞成一些学者的说法：如果海洋健康受到损坏，海洋空间继续污染下去直至消亡，那么人类将不复存在。这绝不是耸人听闻的恐吓！"

工作之余，冯士筰是个爱好比较广泛的人。他非常喜欢和孩子在一起，也非常喜爱写写诗、吟吟词。孩子和诗词，童趣和灵感，冯士筰说这些都可以更好地激发他的创造力。

走进他的办公室，到处可见天真可爱的孩子的照片，一张张灿烂的笑脸中洋溢着孩子天然的纯真。或许这天然的纯真正是冯士筰内心情感的外化吧。

闲暇时，冯士筰很爱作诗，这既是他陶冶性情的方式，也是表达内心情感的途径。"心系大海连天碧，符号数字皆诗情"，这两句对仗工稳的诗句，不正是他一生孜孜不倦追求的真实写照吗？

冯士筰：师情诗意"育桃"人*

风景如画的中国海洋大学鱼山校区里，有一幢名为"文苑楼"的四层小楼。在这幢因中国著名物理海洋学家文圣常院士而得名的建筑里，坐落着中国海洋大学物理海洋教育部重点实验室。

实验室成立不足三十年，却已走出三位中国科学院院士——93 岁的文圣常、77 岁的冯士筰和 48 岁的吴立新。

从年龄上看，冯士筰属于承上启下的一代。从中国物理海洋学历史看，冯士筰院士传承了赫崇本、文圣常等老一辈中国海洋科学奠基人的衣钵，将中国的物理海洋学研究，特别是在浅海动力学和环境海洋学领域发扬光大。

一、建立超浅海风暴潮理论

20 世纪 70 年代初，为保障沿海居民的生产生活安全，周恩来总理建议国家海洋局首先对相关自然灾害展开研究，当时在山东海洋学院（现中国海洋大学）工作的冯士筰受命研究北方风暴潮。

据冯士筰介绍，风暴潮是一种灾害性的自然现象，是由强烈大气扰动引起海面异常升降的现象。风暴潮常引起滨海区域潮水暴涨，甚至携狂风恶浪冲毁海堤、吞噬码头和村庄。在 20 世纪 80 年代后期，风暴潮平均每年会带来约 20 亿元的损失。

西方国家早在 20 世纪 20～30 年代就开始了风暴潮的研究及预报工作。而在"文化大革命"刚刚结束后的中国，此领域仍是一片空白。摆在冯士筰面前的，是没有理论、没有资料，更没有实践基础的崭新课题。

为获得一手材料，冯士筰和他的同事们环绕渤海湾进行了两次实地调查。他们走遍了附近 40 多个县市，走访当地村民了解风暴潮的常识和经验，查阅县志等资料寻找历史记载，还反复到水利部门和验潮站搜集数据。

1975 年，冯士筰和他的同事们连续发表数篇论文，系统地论证了风暴潮的概念、理论和数值预报的力学模型，建立了独特的超浅海风暴潮理论。1982 年，该成果荣获了国家自然科学奖三等奖。

同年 10 月，由冯士筰编写的《风暴潮导论》出版。据冯院士介绍，该书是世界上第一本关于风暴潮系统论述的著作。比澳大利亚学者的同类型著作还早 1 年。

书中对风暴潮的论述，为海洋、气象、

*邹阳，胡卧龙．2014．冯士筰：师情诗意"育桃"人．大公报，3-28：A25

航海、河口海岸和环境工程等领域的研究提供了翔实的理论和数据资料。冯士筰也凭借此书跨入中国一流物理海洋学家的行列。

二、挑战国际争议难题

除风暴潮外，冯士筰在浅海环流和长期物质输运方面的研究成果尤为突出。在这一当前近海环境海洋学研究焦点中，他及其合作者给出的拉格朗日余环流和长期输运方程独具特色，物理意义异常明确，且对长期物质输运的计算提供了非常节省的计算模型，受到国内外同行的重视。

1983 年，冯士筰作为高级访问学者，在美国旧金山的一家合作单位工作。在这里，他接触到了当时国际学界最具争议的前沿课题之一——拉格朗日余流及长期物质输运。

"什么是拉格朗日余流？用通俗形象的话说，就是一种计算海流周期性变化的方式。"性格诙谐风趣的冯院士用略带津味的普通话介绍说，"这一课题不仅关系到浅海动力学，更有助于环保。"

在美国，冯士筰和他的合作者提出了一种拉格朗日余流和长期物质输运的理论模型，导出了一个全新的长期物质输运方程。回国后，他又用了数年时间建立了一种新型的长期的输运方程。

很快，冯士筰的研究成果就得到了应用。他的计算模型如今已被应用于美国 Chesapeake 湾的时均盐度场，以及富营养

化问题和渤海营养盐、初级生产问题等的模拟和预测。

冯士筰的研究成果，为近海污染物理自净、悬浮质输运、海洋环境预测和近海生态系统动力学等诸多方面，提供了海洋环境流体力学基础，促进了浅海动力学、环境海洋学和海洋生态动力学的进步。

其研究成果中的弱非线性理论荣获第四届国家自然科学三等奖和 1988 年国家教委科技进步一等奖。中国海洋大学与德国汉堡大学运用此成果进行了渤海生态系统分析与模型合作研究，在物理海洋、浮游生物、生物地球化学等各学科及其交叉研究方面均取得实质性成果。这对于促进我国刚刚起步的生态系统动力学研究将起很大的推动作用。

三、花甲之年投身海洋环保

1997 年，冯士筰当选中国科学院院士。其时已入花甲之年的冯士筰却没有停止科研路上前进的脚步，他又找到了新的研究方向——海洋环保。他动情地说："如果放任海洋空间继续污染下去，人类的生存必然会受到威胁，甚至不复存在。"

冯士筰说："海洋是流动的，海洋中的洋流、潮汐、风、盐度的梯度甚至是地震引发的海啸都会对海洋运动产生影响。在这个复杂的系统中，经过一段时间的运动，排到海里的污染物到底会流到哪去？是否会再回到原来的地方？"

这些都是摆在海洋环保研究者面前的

问题。

其实，早在 1978 年左右，冯士筰就开始关注海洋环保领域，海洋环保是当时世界上的热门课题之一，但在国内却鲜有人涉及。

20 世纪 80 年代初，教育部在海洋大学设立海岸与河口研究所。后来该研究所一分为二，一个成为海洋河口研究所，另一个成为环保研究中心。教育部给环保研究中心的任务是，研究渤海和十个海湾的环保问题。

当时冯士筰的主要精力还在风暴潮研究上，但他还是时刻关注海洋环保的动态。后来其浅海环流和长期物质输运方面的研究，也为海洋环境学和海洋生态动力学的发展起到推动作用。

投入到海洋环保领域后，冯士筰主持了"九五"重大项目"渤海生态系统动力学与生物资源持续利用"的生态建模研究。同时，在中国海洋大学设立博士点和研究院，开启本科教育，建立了系统学科体系。

冯士筰认为，环保工作和环保研究不但联合生物和化学等相关学科，还要跟政府联系，由政府设立研究规划、组织科学研究、处理环境问题，推进环境保护工作。

四、书香门第，教育世家

冯士筰生于天津，家中是名副其实的"书香门第，教育世家"。据其家中一位长辈考证，现在冯家 4 代共有 40 多人在大中小学教书，再加上冯家的媳妇女婿，家族中竟有 70 多人从事教育工作。山东省特此颁发了一个"教育世家"的奖牌，嘉奖冯氏家族。

受家庭影响，冯士筰从小就属于那种尊师重道、认真刻苦的学生。1953 年冯士筰就读于天津耀华中学，这是一所历史悠久，校风淳朴，英才辈出的学校，钱伟长、梁思礼是知名的校友，该校还培养出 10 名中国科学院院士，3 名中国工程院院士。

到中学就读不久，冯士筰丢掉了刚发下来的学生证，学校要求补办学生证前需要在报社刊发丢失声明。

冯士筰来到当时的天津《大公报》，刊登了丢失声明。冯士筰笑言："'冯士筰'三个字第一次以铅字的形式出现就是在大公报上，这么算起来，我和贵报也有半个多世纪的渊源了。"冯士筰还清楚记得，由于"筰"字冷僻，编辑特地为他刻了个"筰"字。

冯士筰告诉记者："虽然学校有这项要求，但是执行起来并不严格。"但冯士筰的父亲却要求他必须刊发丢失声明，严谨的家学精神传承下来，一直影响着冯士筰日后的学习、科研和教学。

自 1962 年入职山东海洋学院，52 年来冯士筰一直坚守在教学岗位上。1974 年他开设了风暴潮专业课，1984 年建立海洋动力学实验室，并向本科生、研究生、博士生开设浅海动力学课程。他的教学成果"面向二十一世纪海洋科学专业的教学改革与实践"及"海洋科学类专业人才培养模式的改革与实践"，分别于 2000 年和 2005 年获《全国教学优秀成果》二等奖。至今，冯士筰还是中国海洋大学物理海洋教育部重点实验室的核心成员。

任教期间，冯士筰经常勉励搞科研的师生，只有能够静下心做学问的人才能在科研这条路上越走越远。冯士筰主张将教学与科研相结合，将自己的科研融入到教育中，在教育中着重培养学生的科研能力。他经常教导学生，在科学研究中不能人云亦云，要独树一帜，自辟新路，有所建树。

五、"牛棚"里结缘海洋巨擎

1956年假期，学校组织春游，冯士筰在颐和园长廊的东段邂逅周恩来总理。周总理十分和蔼地问起同学们上大学都想学习什么专业？冯士筰的回答是国防物理。冯士筰当时说出这个高考志愿，心中学习物理的志向是坚定的，毫不动摇。

冯士筰心想，"学习国防物理，可以直接为国家的工业化、国防化服务，为国家作贡献。"冯士筰在良好的家庭教育和学校教育的熏陶下奋发图强、刻苦学习，并立下了为科学奋斗一生的雄心壮志。

同年，冯士筰考入清华大学，学习工程力学数学系流体力学专业。

1962年，冯士筰从清华大学毕业，被分配到并不对口的山东海洋学院（中国海洋大学前身）工作，这让曾经立志研究火箭、导弹的冯士筰十分不解。后来，在一次与时任教务长兼海洋系主任的赫崇本教授的闲聊中得知，他是因成绩优异被赫先生特地要来的。

就这样，时年25岁的冯士筰一边担任助教工作，一边跟随文圣常、赫崇本等老师学习与海洋有关的科学知识，逐渐培养了对物理海洋学的研究兴趣。正当他决定在环流模型问题上深入研究的时候，突如其来的"文化大革命"打乱了他的全部生活，冯士筰被关入了牛棚。

幸运的是，与冯士筰关在同一个牛棚里的人竟然是他素来敬仰的赫崇本先生，在那段艰苦的岁月里，赫先生不仅利用闲暇时间给冯士筰讲述了许多海洋科学的知识，也带给他带来了安慰、鼓舞和关怀。

冯士筰告诉记者："赫老的乐观精神鼓舞了我。有时候，他躺在炕上，挤在我旁边，不管多么身心俱疲，都要悄悄地给我讲述世界和中国的海洋科学发展史，鼓励我充满信心，坚持学习。"

2010年，清华大学迎来自己的百年华诞。其时已然成为中国物理海洋学领军人物之一的冯士筰，特地为母校写了一篇怀念赫先生的文章，文中详细记叙了先生卓越的科研成就和高尚的品格，浓浓的师生情谊跃然纸上。

师恩如山

吴德星
中国海洋大学海洋与大气学院

恩师冯士筰院士身上彰显着"仁爱、礼仪、诚信、宽恕、恭敬、节俭、谦虚、慎独"等中华民族的传统美德，他那浩然正气、博学睿智、自强不息、宽厚仁慈、扶掖后学等优良品质，高山仰止，涵润、滋养着他的弟子们。

1966年，我仅14岁时就被卷入了世人称之为"十年浩劫"的"文化大革命"。"文化大革命"使传统思想教育受到巨大冲击，我错过了少年时期接受传统思想教育的黄金时期。1968年，学校环境变得更为恶劣，为减轻父母持家的压力，我弃学去了无棣县捕捞队工作。凭着运气和大家对我人品和能力的认可，1971年，我被推荐进入中国海洋大学的前身"山东海洋学院"学习，成为我国第一批工农兵学员，也是缺失了6年中学教育的一代大学生。1973年秋，大学毕业前的毕业实践，我选择了风暴潮专题，师从冯士筰老师，从此我们结下嫡传师徒之缘。

半百春秋，冯老师以他对事业的追求和为人处世与严谨治学的崇高风范，以春风化雨、润物无声的方式启迪了我，让我一生追随。景行行止，成为我一生的楷模。

冯老师作为教育家的示范让我更加理解了大学之道。师生相处44年中，冯老师在我心中是一位见素抱朴、淡泊名利、博学睿智、宁静致远的长者。从他身上使我深深体会到，堂堂正正做人，必须以"德"为尊、以"志"为魂、以"和"为本。在他的身上，使我更加理解了"大学之道，在明明德，在亲民，在止于至善"。冯老师的教导使我明白，大学教育旨在提高社会的理性水平，通过传授知识、讲授人文，使受教育者增长智识、净化情操，培养起独立精神，并对人类对生命充满敬畏和庄严的使命感。使我对陆游"古人学问无遗力，少壮功夫老始成，纸上得来终觉浅，绝知此事要躬行"的诗句有了更深刻的现实感悟。不仅使我深刻认识到做学问需要坚持与深耕，更使我超出对诗原意的理解，对育人有了新的思考。

秉承冯老师的教诲，我在做校长时，着力思考在学校构建"宽松、宽容、宽厚、

1992 年与冯老师一起在荷兰参加国际会议时合影

左起：杨宗严，冯士筰，吴德星

宽阔"的人文环境。不遗余力地向学生们倡导，在学习中不仅要学知识，更要提升智慧；在研究中，不仅体验研究的艰辛，也要享受探索中的乐趣；在和教授们交往中，不仅钦慕追求教授们的深厚学识，更要景仰追随教授们的道德品格。以上仅为举例，可以说，在我任校长的 9 年期间，我以对冯老师教诲的领悟为基，忠实地履行了校长和教授的职责。

冯老师作为科学家的示范让我更加理解，一个人学术上的成功在于以"志"为魂。"佛许众生愿，心坚石也穿"。冯老师至今学术贡献颇多，最具代表性的成果是创立了超浅海风暴潮理论和物质长期输运理论，从而开创了环境海洋学。从冯老师成功的历程上看，曾经的一株弱小的不起眼的小树，之所以能够终成参天大树而且果实累累，需具备几个必要条件：一是冯老师始终在基厚根深上下功夫，他的实践表明，只有基厚根深，才能咬定青山、虽生根破岩之中，仍不断吸收水分和营养，于默默无闻中顽强生长；二是本固枝荣，冯老师的成功在于不见异思迁，不邯郸学步，坚信只有坚守初心，坚韧生长，强干固本，才能"任凭风吹浪打，我自岿然不动"；三是沉心定止，冯老师身上从来就没有心浮气躁、急功近利的情绪，无论外部环境如何变化，他都是在默默地不断积累、充实和壮大着自己的学识领域，绝不会知难而退。

以上是我心目中对冯老师作为教育家和科学家的速描和追慕，下面我想讲讲个人学术生涯中记忆深刻的几件事，冯老师的授课和指导虽然看似平凡、简单，却成就了现在的我。一是毕业实践中，冯老师启蒙了我对科学研究的认知。我读大学期间的口号是"上大学、管大学、改造大学"，

作校长时和冯老师一起为毕业
生授学位
左起：苗振清，吴德星，管华诗，
冯士筰

根本就没有科学研究的概念，但在毕业实践过程中，冯老师以他和其他老师就风暴潮灾害调查实践，向我们专题组的几位同学详细介绍了我国北方风暴潮造成的巨大灾难，正是冯老师及其他老师忧国忧民的大爱情怀，激发了我们投身报国的使命感；由于我们的基础差，冯老师便从统计研究入手，首先派我们赴东北和内蒙古几个上游气象台站收集气象观测数据，建立各上游气象站天气变化与渤海风暴潮的相关关系，由浅入深地把我们的思维导入科学研究的范畴。毕业实践的经验和收获使我留校后能承担起气象统计课程的辅导任务，并与合作者发表了我的第一篇学术论文，题为《羊角沟温带风暴潮过程预报初步研究》。二是冯老师关于风暴潮特征因次分析的讲授，不仅启发我从统计学研究的视角转入了动力学研究的范畴，更在于使我初步掌握了动力学研究方法学的基础，冯老师关于因次分析方法的讲授，教会了我如何选择主次矛盾和确定海洋运动现象主导性动力平衡的条件，对因次分析方法的熟练把握为我后来转入大洋环流动力学研究奠定了基础。若说前面两点开启了我的科学研究生涯，冯老师关于浅海环流和物质长期输运概念的基本构思和基本方程组的构建，真正把我带进了科学研究的殿堂。冯老师学术思想、思维方式和方法论是我不断开展学术创新的基础，使我受益无穷。

在庆祝冯老师从事科教工作55周年和80华诞之际，写此文表达对老师的感恩，并承记从老师身上得来的感悟：至远者非在天涯而在人心，至久者非在天地而在真情，至善者非在雄才而在贤达。我以这句话作为这篇小文的结尾，更愿以此句与师兄弟们共勉。

师生缘

杨宗严
AECOM 中东地区近海部

（一）

与冯老师的师生缘始于 1985 年。那年我来海大师从侯国本先生和魏守林老师攻读硕士。到校之初就耳闻海大有四位清华学长，冯士筰老师、魏守林老师、孙文心老师和方欣华老师。他们四人同来海大，俱树威望，为海大一佳话。

冯老师是我硕士论文答辩委员之一。答辩会后，恩师侯先生安排了一次感谢之旅，我得以在泰山之巅孔庙之旁表达了追随冯老师攻读博士的愿望。拜侯先生，魏老师举荐，经考试面试遴选，我有幸于 1988 年秋投师冯老师门下。

（二）

冯老师对学生的培养极其系统严格。他亲授首届博士课程"浅海动力学"，从地球流体系统始，详述 f 平面和 β 效应，海洋之薄层流体动力特征，至浅海的弱非线性，始终以流体动力学方程为本，通过尺度分析、量级分析，将纷杂的海洋动力过程层层剖析，揭示主要动力平衡，推演非线性次生效应，尽显理论大师风范。冯老师创立的浅海拉格朗日余环流动力学，透过浅海最显著且经久不息的潮周期运动，描述长期物质输运过程，开辟了一个研究浅海环境动力学的崭新视角。其建立的拉格朗日余环流控制方程，简洁严谨，尽显数学物理之美。

（三）

毕业后老师把我留在了身边，并对我的成长大力扶持。指导我独立申请基金，承担攻关课题，主持国际合作，助我早早起飞。只怨自己定力不足，没能在学术研究的道路上走得更远，愧对老师培养之恩！即使这样，老师还是予以鼓励，说我能成为一个好的工程师。

（四）

冯老师对学生不但在学业上谆谆教诲，在生活上也细心呵护。回想起老师拿手的香肠炒鸡蛋，老师家的俄罗斯蕻菜汤和维

面试

指导

也纳肉饼，心里满满的都是幸福。

（五）

  自20世纪90年代中期，我远离了老师的呵护，但师生缘仍然延续。有幸和老师一同领略了荷兰的浮华、英格兰的美丽。老师，尚记否，您的愿望，在英格兰乡间

别墅，完成你的红楼梦？

（六）

  值此庆祝冯老师从教55周年和80华诞之际，回忆师生情缘，感谢培养之恩。愿老师幸福愉快，健康长寿！

师恩如山　母校情深

王辉
国家海洋环境预报中心

　　我是 1986 年 7 月从安徽师范大学数学系（1983 年从该校物理系毕业留校）助教岗位上考入山东海洋学院物理海洋与海洋气象系，攻读物理海洋专业硕士学位的。导师是冯士筰老师，我是当年冯老师招收的三名硕士研究生中唯一一位从外校考入本校的。当年冯老师所列的招生研究方向为浅海动力学与风暴潮，对一位生长在内陆省份安徽、对大海充满了很多好奇的年轻人来说，进入美丽的海滨城市青岛、美丽的鱼山路 5 号校园，感觉一切都很新鲜。来复试时，主持复试的是当时系主任王景明老师，满头银发，戴着眼镜颇有学者风范。复试时老师问了几个问题，我一一作答，王景明老师也提醒我复试后找一下报考的导师。

　　根据系里老师给的地址，我找到冯老师在红岛路的住处，敲开了冯老师的家门，冯老师戴着眼镜，非常和蔼可亲，很有学者风范。面积不大的家里，书桌上和其他地方，放了不少老师的书和论文手稿等，大多是英文书籍和文献，感觉冯老师在家里也是忙于科研写作。我主动介绍了自己的情况，冯老师也询问了些情况，第一次见冯老师虽然时间短暂，但印象深刻，没有太多生疏感。

　　硕士研究生阶段，冯老师给确定的论文题目是：一种三维斜压渤海风生－热盐－潮致拉格朗日余流数值模拟及应用。冯老师当时刚建立了斜压风生－热盐－潮致拉格朗日余流理论，他希望该理论能在渤海得到应用。硕士论文基础资料的收集工作，也得到苏志清老师的大力帮助与指导。每隔一段时间汇报研究进展，冯老师总是循循善诱，细心指导。老师总是启发引导，总是鼓励我进行大胆尝试。由于海洋动力学基础不太好，好多老师的想法建议没能很好地深入下去，但是冯老师总是鼓励，显示出冯老师培养学生独立开展工作的用心、宽厚的心胸和学术大家的风范。从冯老师那里不仅学了知识，还学习了从事科研工作的方法。

　　我入学读硕士之前结了婚，读硕士期间爱人在安徽工作生了孩子，考虑到既学

一家三口和冯老师合影

海洋就不太可能再回安徽工作，所以当时夫人李静常带孩子来学校，一方面小聚一下，另外也寻找机会调到青岛工作。冯老师和师母王阿姨得知情况后，也常嘘寒问暖，给出建议，硕士毕业前，一次偶然机会，冯老师了解到，青岛经济技术开发区新成立一所中学，需要老师，就推荐我夫人去位于黄岛的青岛经济技术开发区第一中学应聘。在我硕士快要毕业时，李静从安徽调到开发区一中当音乐老师，从此我们小家庭得以团聚，也能更安心学业了。师恩如山，时刻铭记！

硕士毕业后，我考上了冯老师的博士研究生。1989 年 9 月，我开始攻读物理海洋专业博士学位。博士研究生期间，冯老师引导我进行陆架环流和物质长期输运过程研究，并涉足生态动力学方向，当时海大首度设环境海洋学博士点，冯老师是这个方向的开拓者。冯老师也广泛联合校内海洋地质学、化学海洋学、生物海洋学等诸多学科方向的教授，拓展学科交叉研究方向和培养学科交叉人才，呈现出环境海洋学蓬勃发展的势头。结合海洋科学目前发展情况回头来看，当时冯老师超前的学术洞察力和敏锐的学术判断力，使我们这些当学生的受益匪浅。冯老师用严谨而清晰的物理概念，近乎完美动力学方程组的数学推导，对已有理论质疑的思维方式，培养学生的基本科研素养，又结合实际，面向需求来引导理论的实际应用，构成冯老师所在的浅海室文化的一部分。浅海室冯老师的密切合作者之一，孙文心教授专长是数值计算，其他老师也术有专攻，形成非常合理的专业结构搭配，规模不大，一代代传承，就像一个大家庭。其中，张平老师也功不可没，积极协调解决研究生求学期间各种日常问题。本人能有幸成为这个大家庭的成员十分荣幸。读博期间，我还邀请过浅海室全体人员去开发区的家中（夫人学校给安排的团结户）小聚过一次，现看到当时合影的照片还很亲切。后来的工作成绩也和冯老师、孙老师等老师的指导、浅海室的熏陶、海大良好的学术环境密不可分。博士毕业后，进入北京大学做

博士后乃至后来在不同单位不同岗位工作，我心理上都不曾离开过冯老师和浅海室，以至于后来自己指导的学生也要求他们回到浅海室接受教育和熏陶。

值此我的老师冯士筰院士八十大寿之际，祝恩师冯老师、师母王阿姨健康长寿！万事如意！也祝其他老师身体健康！万事如意！

感谢感恩您们对我的培养和教育！

师恩如山，母校情深！

邀请浅海室师生到开发区游玩（王辉拍照）

海陆统筹的海湾环境保护认知

孟伟

中国环境科学研究院

　　我1982年2月由学校毕业来到北京，进入环境保护这一新兴领域的事业机构从事科学研究工作，正值中国环境科学研究院建设初期。我在山东海洋学院学习的专业是海洋地质，毕业论文的方向是"海岸潟湖的演变特征研究"，专业基础与环境保护要开展的污染物质控制、迁移转化规律、环境影响生态变化评价有较大差距，难以与工作实际需要尽快地衔接。因此，初到北京是我十分困惑的阶段。

　　国家在1984年开始启动"六五"国家科技攻关"环境容量研究"专题，其中包括水环境容量研究，由中国环境科学研究院牵头，刘鸿亮院长为项目组长。水环境容量研究项目设置了沱江、湘江和深圳河三个课题，深圳河课题由华南环科所刘少宁所长负责，因为深圳河是感潮河流，专门设立了一个深圳湾子课题。幸运的是，中国环境科学研究院委派我作为深圳河课题联系人并负责主持深圳湾子课题。经论证，该子课题内容确定为"深圳湾物理自净能力研究"，子课题主要参加单位包括

山东海洋学院。在子课题实施方案论证过程中，对如何解决子课题目标任务的技术方法，我开始有了逐渐明晰的理解和认识，也了解到山东海洋学院有若干位这一研究领域的知名老师，包括冯士筰老师、俞光耀老师、王化桐老师、张淑珍老师、陈士俊老师、孙英兰老师和赵建中老师等。正是在各位老师鼎力支持下，课题组在深圳湾组织实施了海洋水文水质观测，建立了深圳湾二维水文水质模型，采用数值方法模拟了深圳湾的水动力过程和水质状况。这不但有力地保证了子课题任务的完成，使深圳湾成为国内最早建立了水质模型的海湾之一，为深圳市的经济社会发展提供了有力的支撑，也为利用数值方法研究海湾及浅海水环境保护问题建立了示范，研究成果产生了很好的辐射效果。之后，我们又共同完成了伶仃洋对深圳湾环境容量影响的研究，采用的技术路线主要是现场调查观测与水质模型的数值模拟，充分考虑了实际的初始条件、边界条件，在模型参数率定时体现了南海浅海以及伶仃洋、

博士论文答辩时照片（2005 年）
左起：孟伟，冯士筰，吴德星

深圳湾的潮汐特征，给出了深圳湾流场同一时间的流速流向的分布状态，进一步深化了深圳湾环境承载力的研究。

20 世纪 90 年代开始，全国的城市建设快速发展，污水处理成为重要的组成部分，内地城市多采用传统的生化处理工艺，沿海沿江城市有利用海洋、河流的环境容量及其输运扩散条件建设污水排海（江）处置工程的需求。国家适时启动了相应的科技攻关项目，设立了"污水排海工程技术研究"课题，示范工程依托地点选择青岛胶州湾畔的黄岛经济技术开发区。这次科研任务要求，不仅要评价污水排海的环境影响，确定污水排海的工程规模及岸上污水预处理设计要求，还要明确污水排海放流管路径、长度、排放口的位置及排水口设计要求。课题不但要回答水化学、水生态、浅层地质地貌、水文气象条件的技术可行性，更重要的是要给出污水排海处置工程的设计参数供依托工程建设的实际需要。核心要回答的技术问题是：污水经放流管和扩散器进入海水之后去了哪里？到达敏感生境（红线）区的路径及时间？是否稀释达到海域环境标准要求并不浮出海面影响景观？显然，仅仅用欧拉方程给出同一时间的水质状况是不充分的，难以给出相应的工程设计参数。正是在这一重大技术难题面前，"拉格朗日"理论方程让我看到了解决问题的曙光，在海洋环境数值模拟领域创立并应用拉格朗日方程最权威的教授非冯士筰老师莫属。由此，在冯士筰教授和杨作升教授的指导下，我与杨宗严老师合作应用水质模型和欧拉－拉格朗日方程顺利完成了该项科研课题，提出了黄岛经济技术开发区污水排海工程的设计参数，工程设计施工完成并投入运行。在合作期间，多次面见冯士筰教授请教，他学术的睿智，待人的宽厚，知识的渊博，事业的

和冯老师一起（2017 年）

开拓精神给我留下了极为深刻的烙印！如果能追随这样一位导师再学习、再提高成为我当时的一个梦想。冯老师没有让我等太久，我于 1997 年成为冯士筰教授的弟子，并先后获得环境科学硕士、博士学位。

冯士筰教授团队在浅海动力学领域理论方法上的创新为海洋环境保护提供了强有力的科技支撑。吴德星师兄与我成为国务院 2001 年批复的"渤海碧海行动计划"技术组的组长、副组长，我们主持开展渤海环境专项调查，基于污染源和水动力特征分析了环境质量演化的趋势，完成我国第一个区域海洋环境保护技术方案和实施计划编制。冯老师是顾问组专家重要成员，多次指导具体技术方法和实施计划。自 2002 年起，我与吴德星师兄共同主持 863 计划"渤海典型海岸带生境修复技术研究"课题，在认识海岸带生境特征，生境修复关键技术，海岸带生境退化诊断及动态监测等方面取得诸多项创新性的技术进步。其中，应用质点追踪法对渤海"拉格朗日"余流场的模拟给出了渤海湾"拉格朗日"平均速度为"$V=S/nT$"。据此模拟了渤海的生态动力学过程，提出了渤海生态环境动态监测的响应系数与监测方案。

学校是人生获得知识的平台，一批批学子在学校学习后进入社会服务于各行各业。我有幸抓住了在山东海洋学院一次学习的机遇，又获得了二次在青岛海洋大学、中国海洋大学继续学习的机会。我衷心感谢母校，衷心感谢恩师冯士筰教授等一批优秀老师，正是他（们）使我增强了工作的信心和能力，在我的环境保护领域做出了一点成绩。我也祝愿母校更好发展，为母校在新时期创"双一流"中实现新的飞跃作出力所能及的贡献。

良师　益友　挚亲
——记我的导师冯士筰先生

闫菊

中国海洋大学

　　有一种情感，每每忆起就不觉潸然泪下，并伴着莫名的幸福！我与恩师冯士筰先生之间是然！先生领着我，带我蹒跚走入海洋的神秘世界，从此我的生命、生活与海洋相随相伴。先生宠护我，教会了我用内心和灵魂感知生活，从此懂得体会生活的多彩与美好；先生用行为影响我，成为淡泊名利、有责任感的社会公民。

1. 初识先生

　　1988年大学快毕业了，辛苦的物理系学习生涯终于要结束了。盘点一下四年的战绩，自己觉得还算交代得过去，全班60人，只有11人未参加过补考（同学们戏称这样的人生"不够完整"），其中也包括我。一路走来终于可以和学习与考试说再见了，觉得人生又有了新的希望，心想今生今世终于不用再做学生了。班里有5位左右的学霸准备考研究生，但我想今生我可能与研究生无缘啦！

　　毕业后我在函授部（现在的继续教育学院）做了近两年的助教，兼做一些所谓

的行政管理工作，1990年调入科技处负责国家自然科学基金管理工作。那时国家自然科学基金委员会刚刚成立，整个海洋领域一个五年计划只立2项国家自然科学基金重点项目，其中1项便是冯老师主持。我当时就想，能够主持这样项目的人应该是什么样，内心的崇拜与尊敬感油然而生，心想我可以有机会认识这么了不起的教授吗？

　　一次，我正在办公室低头忙着手头的工作，听到于处长（于宜法副校长）与一个人在谈话，说到"八五"科技攻关项目的一些事情（后来冯老师主持的"八五"科技攻关专题"风暴潮客观分析、四维同化和数值预报产品的研究"，该研究成果达到国际先进水平）好像遇到了困难。我没太听明白，但感觉这个人对这件事情非常重视，大致的意思是对海大太重要了，关乎着生死存亡，等等，必须全校上下一心拼尽全力，急切中透着坚定和自信！生性懒得管闲事的我还是忍不住向于处长问这人是谁，于处长一边怪我了解的事太少，

1999年5月作为科研处处长与冯老师和时任副校长的吴德星等一起去码头
迎接执行中德联合海上调查任务的"东方红2号"胜利凯旋

一边郑重向我介绍他便是大名鼎鼎的冯士筰教授。当时给我的感觉就是，哦，他就是冯士筰老师！怪不得！

工作的关系，我与海洋科学研究接触越来越多，与冯老师交往越来越频繁，冯老师总是能用最简单明了的语言、最清晰准确的物理概念，简单清楚地讲述深奥复杂的海洋学问题，把生硬晦涩的科学概念娓娓道来，深入而又浅出，令已经产生厌学情绪的我对海洋的兴趣也愈发强烈，进而也颠覆了我绝不再读书的念头——原来科学还能如此地有意思！有一天和冯老师谈及此事，我们不约而同的说出同一个想法——追随冯老师，做冯老师"不听话的弟子"，从而开启了我人生新一轮的求学生涯！

1994年冯老师出任主管科研和研究生教育的副校长，在很多有关冯老师的资料中很少有人谈及此事，可能是他在学术及人才培养方面的贡献实在太大了。但在我看来，这是一段大家不该忘记的经历，那时冯老师既是我的主管领导又是我的指导老师，而且还是科技处服务的重点专家，我也得以有更多更全的方位和视角向老师请教。那段时间跟随冯老师工作学习的机会很多，也正是这段经历让我真正懂得了他。

2. 师生情深谊重

脑海中总不能忘记这样一幕，他倚在酒店的床边，闲闭着眼慢慢晃着头，口里吟着"伤－心－的－泪－汇－成－无－底－的－河"。我也调皮的学着他的样子晃着头，叨叨着"是－谁－这－么－没－良－心－呀"？后来知道，当时冯老师心里念叨的人是鹿有余师兄，当时我好羡慕他！再后来才真正懂得恩师的心，懂得了在这个世上恩师和自己的父母一样，永远赤诚无私的那份爱！对于自己的学生和得意弟子，就像对自己的孩子一样，一方面希望能留在跟前，不舍得让他们去经历狂风暴雨，但又希望他们能有更广阔的发展空间和更美好的未来，其中的百感交集、矛盾交错、师生情深，恐怕只有老师体会最为深刻。无论何时何地，老师都会给予弟子们最坚定的支持、最充分的信任！也是从那个时候开始，我明白了思念其实也是一种别样的幸福！

3. 生活的智者

由于工作的原因，我常常跟随冯老师一起出差到科技部、教育部和海洋局等部门汇报工作。用文圣常先生的话讲，当时我国海洋科技界的状况有点像三国时期，而海大如同弱小的蜀国。所以，每次出差任务很重、压力很大，常常是连续熬夜写材料讨论方案。我还清楚记得一次我们的工作很不顺利，如同打了败仗，吃晚饭时间在北京遇到了两个青岛的朋友，大家说到对面的烤鸭店吃饭，我就跟着文先生冯老师还有那两位朋友一起去用餐。当时正值炎炎夏季，落座后冯老师询问服务员有什么样的啤酒？服务员念叨了一串后，冯老师说要黑啤酒，要鲜的而且要德国产的，特别强调要用喝这种酒的酒杯。在20世纪90年代中期，商品还不怎么丰富，我心想酒杯还会有很大的差异吗？黑啤酒又是什么样子，什么味道呢？当服务员把酒倒在下细上粗、精致锃亮的高筒玻璃杯中，并泛起一阵阵美妙的泡沫时，我顿时有秀色可餐之感，近几天来的压力与不顺瞬间荡然无存。席间我又有些不放心谈及白天的工作，冯老师坦然地说没什么，不用担心，好好享用美食。最终我们美美地饱餐了一顿，结账时发现比平时吃饭没多花几个钱，顿时觉得这顿饭简直是吃得太值了，心情也逐渐变得好了起来。虽然这只是小事一桩，但让我感悟了如何释放压力与烦恼、在困难与绝境中如何看到希望，我也慢慢体会到老师那种大智若愚、举重若轻的情怀与品格。

4. 人生的导师

成为中国科学院或中国工程院院士是每个做学问的人的梦想，也是对他们所做学术贡献的最好的认可。冯老师从深入发展物理海洋学到创建我国的环境海洋学，从风暴潮研究到拉格朗日余流研究，取得了诸多开创性和奠基性研究成果。但参评院士却经历了8年"抗战"，但每次得知没有通过的消息时，他总是很淡定，丝毫没有挫败感，骨子里透着脱俗与自信。有人会说一些为他鸣不平的话，他总是笑眯眯晃着头说"顺其自然"。这是一种已走遍地球，天下事尽在我心，曾经拥有全世界的气吞山河的气魄，也只有像冯老师这种人生经历与境界的人才真正懂得"失败"也可以如此的美！老师这种智慧内敛、脱俗自信与谦和，以及他的深厚素养与宽广胸怀令我辈望而不可及也。

后来1997年他当选为中国科学院院士，我还清楚记得，当得知这一消息时他还是一如既往地笑眯眯，所不同的是脸上放着光彩，整个人都精神了，感觉全身每个细胞都美滋滋的，由内而外，从心灵最深处弥散开来无尽的舒心与坦然！刹那间我的眼泪就像是决堤的洪流喷涌而出，真心为老师感到高兴，自己也有了飞起来的感觉，真切感受了我与老师的感同身受！

得遇冯老师，得遇良师、益友加挚亲，此人生之大幸也！

情深比海

鹿有余

加拿大国家渔业与海洋部 Bedford 海洋研究所

（一）

以这个题目为冯老师从教五十五周年和八十华诞献礼，是联系起我们从事的海洋事业，以及师生（也包括同学）的感情。我们这个集体科研的重心——浅海，应该是定义在 200 米水深以内。现在浅海室成员，分布全国、全世界，数十年的亲情友情，真可与大海作比喻了。

作为个人的一个小证据，后附 2010 年回国访问时与冯老师的合影。我计算机保存的文档里，还附了一首魏皓师妹所作题为《盼归》的诗：

深红浅红皆师爱，咫尺天涯舔犊情。
万里离别十八载，游子何时踏归程？

后面两句，可代表老师的期望。惭愧的是我滞留海外，辜负了这份期望。一点弥补是，近十年来我尽量争取机会，跟国内尤其是浅海室同辈和新一代学子交流，也趁机跟老师相聚并聆听教诲。

浅海室的师生与同学感情，估计每个人都有故事和体会分享。本人 1986～1992 年在浅海室学习工作，有深厚获益和难忘的记忆。前几年去 Delaware 史峰岩府上夜谈，讲起可爱的魏更生师兄的故事，堪比最经典相声的效果。这些美好的经历，是基于冯老师和孙文心老师创造的团结和谐的浅海室环境，同学们不会有异议吧？

（二）

1986 年我本科毕业，由魏更生师兄引荐，得冯、孙老师认可进入浅海室。当年二位老师都是四十九岁，比我现在还年轻。浅海室承担国家"七五"攻关风暴潮数值预报模式研发课题，同时开展以拉格朗日余流为特色的浅海动力学研究。数值模式方面，有孙老师开发的流速分解模式，以及汪景庸老师从英国移植的台风风暴潮模式。室里有当时先进的微机。当年浅海室的科研条件，在海大是首屈一指的。

冯、孙老师是清华同班同学和天津同乡，他们有共同特点，包括儒雅、谦让、

回国开会时看望冯老师
（2009 年春）

风趣。他们的学术兴趣和成果互补，使学生们全面获益。两位老师愉快合作数十年，互相尊重，相得益彰。这样的同学合作，值得我们后辈们体会和效仿。

举个冯老师风雅的例子，是我刚到海大报到，他带我去海洋系拜会系主任王景明先生。冯老师称，"这是我清华老师张兆顺教授推荐来的，交给王先生您了"。王先生回，"君子不夺人所爱，您还是自己领回去吧"。君子之交，似清风拂面，多年过去，仍如在眼前。

（三）

在海大六年，以后继续受教，使我对冯老师的治学风格有诸多体会。冯老师擅长简化、提炼，追求极致的美；得心应手地运用量纲分析，自称是师法前苏联学派。魏更生师兄曾从其家乡潍坊觅得一可放书桌的小屏风，上印缩微版郑板桥书法拓片的对联，曰：

删繁就简三秋树，领异标新二月花。

大家一致认可此为冯老师治学的特征。

更生师兄曾以此为题，写过一篇对冯老师的报道。在我 1992 年出国时，冯老师把此工艺品和他清华活页笔记本的封皮一起相赠，我保留至今。

这一删繁就简的学术方法，我感觉最可以从超浅海风暴潮理论概念的建立得到体现。大家可以重温 1975 年《中国科学》的论文，或 1982 年《风暴潮导论》。从繁复的海水运动方程出发，通过次第的量纲分析，最后简化到最根本的、只有少数几项平衡的"零阶近似"。我想这一研究的意义，一是提供了利用当时低性能计算机进行数值风暴潮预报的可能，更重要的是展示了如何抓住自然现象最根本的物理机制，颇类似于大尺度运动的"地转平衡"关系。通过删繁就简来达到领异标新，这是很高的学术境界。它对我影响至深，我一直努力将其用于自己的研究，尽量写能得到简约结论的论文；在日常生活中也经常以达到"零阶近似"为自满。

冯老师的研究，强调动力学体系的完整，代表作是他在 20 世纪 80 年代初关于

和冯老师、孙老师一起讨论（2009年）

大洋环流运动方程的分析，以及随后倡导和致力研究的控制浅海时间平均运动的动力方程组。关于大洋环流的一系列论文，虽然他谦称为"读书笔记"，但个人认为是当时在国内海洋界的首创。浅海潮致余流，通过他作为主要作者最早在20世纪80年代发表于 Water Resource Research 的系列论文，清晰阐明了决定物质输运的是拉格朗日余流，而非欧拉余流。尽管随后由于计算机性能的提高，在浅海环境问题的研究中，不再一定需要求解潮周期平均的运动方程，但其思想并对于大尺度平均运动方程的研究构造，有参考和启发的价值。

冯老师的论文，有思辨和逻辑严密的鲜明特色。我认为有代表性的是前述1975年的论文，《风暴潮导论》的序言，以及1987年收录在清华力学系系庆论文集中关于浅海动力学方程组的论文。我对后者的

写作有印象。他于夜间伏案完成，手书在方格稿纸上，似一气呵成，很少修改，读来真是享受。

对于学生的研究和论文的指导，我体会冯老师是从大的方面引导，强调研究的意义和思路。这让我联系到一物理学家关于飞鸟和青蛙的比喻。年轻学子，开始研究时大多关注具体问题，类似青蛙的窄小视角，但要与整体问题联系起来，则需要类似飞鸟的广阔视角。这可以从有经验者获得指导，或自己努力去体会。我跟从冯老师学习期间和近年的讨论，往往从具体问题开始，再经他的启发，引向对整体问题的思考，从中获益匪浅。

与冯老师讨论，能感觉到他学术平等和思想活跃。2015年秋我在清华地学中心开《海洋环流模型与分析》的课，把部分内容写出来，请他指教。回青岛，他专门

找出一上午的时间，在鱼山路校园的办公室，与江文胜师弟和我闭门讨论。这样一丝不苟的治学精神，深深让我感动。

（四）

跟冯老师相处日久，对他的家世和经历也逐渐了解一些，增加了对他这一代知识分子的体会。冯老师曾赠我由他九叔撰写的《断简残篇》，从中可管窥其家族数百年的沧桑。冯氏先祖明初从南京来天津，从经商致富，后从政，后于清末转向科学教育。我2013年在于天津召开的浅海室学术交流会期间，曾作《神追》——读20世纪上半叶学者传记有感，写有如下的句子："西学东渐机，旧家先捕觅；欧风美雨里，科学取真谛；归土开新风，乱世竟能立。"其中的"旧家"，即包括冯老师这样的家族。他的祖父在北洋大学毕业被清廷授予"洋翰林"，后为该校著名土木工程教授；伯祖是清廷派出的留学生，后来曾任北洋大学的校长。他父亲是津门著名的数学教师。冯家与津门的豪门富家有广泛的联姻，如冯老师的母亲，就出身于经营祥字号绸缎庄的孟家。

如此家世，必然对冯老师的见解和成长产生影响，但在十年浩劫期间，也给他的人生增加了深深的磨难。相比他这一代，我们后生是多么幸运。

（五）

与冯老师相识三十年，我们的友谊也从师生之间扩展到家庭。我父亲很敬重冯老师，经常提醒我勿忘师恩。当初感到当内科主任的王师母很严肃，近些年接触多了才体会到她的和蔼慈祥和开朗风趣。二老由衷喜欢我的幼子多多，每次见面，都要关问他的成长。我每次登府，也会谈起他们的外孙女珠珠。我与师妹未名和她的先生振刚，以及一些朋友都很熟悉亲切。

我在国外二十余年，期间与数位导师和诸多同事有很长的工作交流和合作，但私人情谊最后都停留在较浅的层面，无法与浅海室师生的友谊深度相比。这或许是因为本人的懒惰，对西方文化的学习没下工夫，或者是由于西方的文化和习俗，不鼓励密切的师生同学友谊。浅海室在海外生活工作的不在少数，估计我的情况不是个例。但因为有与冯老师和浅海室师生同学堪与大海相比的友谊，即使生活在天涯海角，我也时感温暖充实。

三十年前因为冯老师提供的契机，我跨入海洋科学的大门。蒙他指导与厚爱，我能坚持在这一领域，做白己喜欢的工作，无限感激。其中良多体会，非以上短篇所能尽述。有不当之处，请师长、同学及后学指正。

初稿于2016年年初冬在回国访问的航班上

海洋环境科学：学科交叉结硕果

魏皓

天津大学海洋科学与技术学院

自 1952 年院系调整以来，中国海洋科学三十年仿效前苏联学科体系，将海洋物理、生物、化学、地质严格区分，各自封闭，互不了解，甚至到 20 世纪末海洋生态系统动力学引入中国时，不少物理海洋学专家还不以为然，觉得只有物理海洋才有动力学的提法。在众人的不解中、顶着压力，冯老师开创了学科交叉的海洋环境学科，在中国建立了完整的人才培养体系。1990年建立了第一个环境海洋学博士点并作为当时唯一的博士导师，指导了一批来自各个海洋二级学科、有交叉融合思维的博士。又是一个三十年过去了，这些博士已经成为中国海洋环境学科科研、教学的中坚力量，人才辈出，不胜枚举。这是冯老师 55年从教生涯中值得浓墨重彩的大手笔，目前以海洋为特色的环境学科已如雨后春笋，在中国高校纷纷建立，培养了难以计数的专业人才，为中国近海生态文明建设作出贡献。作为冯老师培养的环境科学博士之一，我仅从亲历的一小段中德合作历史，回忆导师的努力对中国海洋环境科学的促进。

1. 背景

中国海洋大学的中德合作始于 1984 年IUGG 大会，当时文圣常院士与汉堡大学海洋研究所所长 J. Sündermann 教授发起了一个全面合作，至 1990 年冯老师接替文先生继续领导海大与德方合作，双方合作没有受当时政治形势的影响，这与双方带头人的谦谦君子为人密切相关。当时在 DLR（德国宇航中心）支持下，海大大批教师曾经到德国合作访问，并且在胶州湾执行了海洋环境、海洋化学、大气科学多个独立的合作项目，分别由王化桐、张曼平、吴增茂等教授负责。在 Sündermann 教授影响下，德方与海大的海洋遥感、海洋地质、海洋生物也深入合作，一时遍地开花，海大青年教师源源不断来到德国进修、学习、合作，经常保持 5 人以上同时在汉堡，这里被大家戏称"海大海外工作站"，这是当时青年教师认识国际海洋研究的重要窗口。大家如饥似渴，学习先进的理念和严谨的治学方法，彼此也保持了真挚的友谊。在此期间，先后在德国进行合作的海大青

文圣常先生与 Sündermann 教授签订合作计划
前排左起：方欣华，文圣常，Sündermann，
冯士筰，沈剑平
后排左起：汪景庸，陆贤昆，彭凯平，戴华

年教师有：物理海洋王辉、鹿有余、管长龙、江文胜、魏皓，海洋化学于志刚、刘素美、邹立，海洋地质李巍然，海洋生物孙军，大气科学高会旺、盛丽芳，在冯老师打造的这个平台上，具有学科交叉思维的人才队伍逐渐成长、壮大，并在其后二十年中国海洋科学发展中发挥了重要作用。饮水思源，我们都感激"挖井人"。

2. 渤海试"刀"

如何将独立的学科、研究个体集合在一起，真正从不同角度思考解决一个科学问题，只有通过一个综合研究项目为纽带，这是当时国内海洋科学领军者思考的重点。1995 年国内开始引入海洋生态系统动力学理念，物理、生物、化学、渔业资源等海洋学科交叉紧锣密鼓，文先生、冯老师组织了张经、张志南、钱树本、吴增茂等教授参与的海大内部前期预研。作为走在海洋科学国际前列的德国，此前已有深厚基础及丰硕成果，年底 Sündermann 教授应冯老师邀请在海大物理海洋研究所做学术报

告，介绍德国在欧洲北海从事的生态系统动力学研究，生态模型、体系转换（regime shift）等新的成果和事例，打开了在场中国学者的视野，也使得学科交叉生动而具体。不约而同，双方都希望在渤海试"刀"，将欧洲北海的经验推广。1996 年，冯老师得到了国家基金委主任基金、面上重点基金和教育部博士点基金支持，开始"渤海生态系统综合分析与模型研究"，冯老师和 Sündermann 教授联合申请的中德政府间同名合作项目，也得到了 DLR 支持，这个经费对于捉襟见肘的中方不啻为"久旱甘霖"，我们能够进行海上综合观测了，1996 年下水、停靠码头两年的"东方红 2 号"也有了用武之地。

3. 谈判与守信

项目开始进行了缜密的计划，双方多人次互访，对于科学问题、技术路线、观测方案、分工细节和任务节点都进行了反复磋商，并在备忘录中详细记录，达成协议后又向我国外交部等主管部门申报获得

中方出访德国时谈判出海调查计划时合影
左起：于志刚，俞光耀，冯士筰，张经，魏皓

1999 年中德合作渤海调查全体船员合影

批准。冯老师和张经教授带领我们走过了这个折磨人的漫长过程，我个人在这个过程中从懵懂到理解、思考、执行，逐渐成长。

不堪回首，在经费如此紧张的条件下，我们选择了野外嵌套观测方案，在渤海海峡选择两点进行一年综合观测，渤海中部春秋两季进行两个航次/每站两个相反潮相位的重复观测，任务量巨大。德方不能理解为什么中国人不是什么都答应，为什么中国人开始"讨价还价"？而我在这个过程中学会了接受和拒绝都是有条件的，无法完成的一定要事先说明并拒绝，因为我们答应的每一条都是要毫不含糊的兑现，养成"过度认真"的习惯。谈判的艰苦在最后一次汉堡会议中充分体现，一整天、多时段，反复休会、复会讨论，废寝忘食，到晚上八点多终于达成协议，冯老师以一贯的谦和、张经教授以一贯的坚持、

Sündermann 教授以一贯的友好，促成了那天的圆满。在 Sündermann 教授家夫人准备好的家宴已经等候多时，晚上十点双方宾客刚刚举杯庆祝的时候，俞光耀教授突然低血糖晕厥被送进了医院。

纸上的合作计划在逐条实施时遇到的困难无法言说，无论观测还是模型。例如，我们突然发现那条新船竟然基本没有符合要求的调查手段，观测所用的直读 CTD 及其铠装电缆、采水器等两个集装箱的仪器设备从德国运到青岛码头，租用了两台吊车接力才把设备吊放到"东方红 2 号"的甲板上；我们用血肉之躯、半天时间把成吨重、3000 米长的原钢缆换下绞车，天黑后装上了铠装电缆、连接好 CTD 第二天能按时启航，换完的瞬间十几个年轻人瘫坐在甲板上。但是无论千难万难，谈判中我们承诺的事情每一件都兑现了。观测采用

浅海室的年轻人相聚（2004 年）
左起：赵亮，魏皓，魏更生，楼菁，张平，
高会旺，江文胜，鹿有余

J. Sündermann 教授获得"国家友谊奖"与夫
人被邀来华受奖

了 WOCE 标准，这在中国海洋调查中还是绝无仅有的；JMS 出版的专辑、《渤海环境动力学导论》等都是这次合作的有形成果，德方合作者称赞冯老师领导的团队守信，"将不可能变为可能"，DLR 也称这是"中德政府间合作的典范"。无形的，我们得到更多：在冯老师、孙老师的支持下，我们当时浅海室的年轻人（魏皓、高会旺、江文胜、张平、赵亮）共同面对一个又一个困难，互相弥补，发挥每个人的作用，一起成长进步，体会了浅海室家的温暖、兄弟姐妹的情谊；更重要的是我们与海洋化学、海洋生物、渔业资源等学科开始了对话和互相理解，共同语言和兴趣越来越多，海洋环境交叉学科开始生根发芽、茁壮成长。

回想自己的年轻幼稚、激烈刚硬，冯老师以柔克刚、喜怒不形于色，保证了事情每每峰回路转，不禁汗颜。一根筋的我

有一次周末带着冯老师去柏林看仅存的一段柏林墙，我们年轻人用当时的周末票走遍德国，但是没有想到冯老师已逾花甲，让他跟着我们几个年轻人奔跑于站台、辗转几次火车／地铁，终于找到柏林墙，并在最后一秒踏上返回汉堡的火车，现在回想冯老师汗流满面、气喘吁吁的样子心里还非常内疚、自责，虽然老师从未责怪我，他的宽容使我更是惭愧，为什么不替他人多想想呢？

4. 友谊长存

1996 ～ 2000 年，渤海生态系统综合分析与模型研究是海大与汉堡大学海洋合作的高潮，两年后在冯老师、张经教授带领下，我们又一起完成了科技部重点国际合作项目。其后，中国海洋大学建立了中德合作中心，在国家留学基金支持下，每年派出

大批留学生到德国基尔、不莱梅、柏林及汉堡等地的海洋研究单位进修、攻读博士学位。在冯老师推荐下、中国人民的老朋友 Sündermann 教授获得国家友谊奖，并在国庆期间得到中国国家主席接见。

冯老师建立的学科交叉团队也保持了长期友谊和合作关系，共同完成了黄海水／营养盐循环和胶州湾生态两个重点基金、渤黄东海生态系统动力学、生态环境演变预测、多重环境压力应对、水母灾害机制等重大基金和多个 973 项目，目前在国家重点研发项目中继续保持合作，海洋环境科学在国家海洋环境安全保障等方面发挥了重要作用。

时光如梭，二十年转眼飞逝，当初的年轻人已鬓发染霜，很多人离开海大在国内外不同的海洋研究单位生根开花结果。

如果不是冯老师的信任，坚定地把担子压在我们肩上，给我们提供一个挥洒青春与自信的舞台，我们能有今天的收获吗？五年前，我和鹿有余发起组织浅海室学术会议，每年"回家"向老师汇报，让学生体会学术氛围。因为我们知道自己的使命，薪火相传才是学术生命的延续，才能把自己从老师那里学到的为人师表、严谨治学传承下去，发挥更大的作用。

我曾经志得意满，也曾经迷惑彷徨，每次看到八轶之年的冯老师依然沉浸在浅海环流理论研究之中、孙老师也致力于中国边缘海模式建立而乐此不疲，躁动的心就会变得安静，开始寻求科研、教学带来的乐趣。我真的很幸运，我的老师们尚在耕耘，我还年轻着呢，继续奋蹄！

慢慢体会冯老师的经典

史峰岩

美国特拉华大学

我性子慢,别人博士三年,我读了四年。最后一年过得最慢。那是 1994 ~ 1995 年,每次周末加班,隔壁就是冯老师。中午都是他请吃饭,饭中独自享受冯老师的经典语论。

冯老师的学生,对他那些经典理论都不会陌生。拉格朗日余流、欧拉余流、斯多克斯漂流、拉格朗日漂流,这些词句都可以倒背如流。真正懂它,不仅仅是搞清那些准确的定义和漂亮的推导,而是领略它的科学思想和方法。这样方能体会此经典乃大气之作。

本人现在年龄刚好到了跟冯老师和孙老师读书时他们的年龄,再次翻阅那些经典,慢慢体会其中的奥妙,以及延伸的哲学道理。欣赏冯老师的经典,就像读他本人,他的为人和行事风格。冯老师做事严谨,大手笔,追求完美。

每次问冯老师问题,最爱听的就是那句"让我好好想想",此时能感觉他大脑的超速运转,体会他严谨的思维,然后狂喜他片刻思考后带给你的精辟答案。对于学生偏执的谬论,从不全盘否定,"再好好琢磨琢磨",总能从中找到闪光之处,让自信和智慧落在每个人的身上。

冯老师的经典理论很潮,也引领了追潮的浅海室。从超浅海风暴潮理论,到海洋环境研究,"七五"、"八五"、"九五",还有我离开以后多少个五,再加上冯老师、孙老师和汪老师三个老头的群口相声,张平的伶牙俐齿,让浅海室充满着创造、和谐、合作、共享和欢笑。

读冯老师的文章,让人懂得奋斗中的哪些该取该舍。有斯多克斯漂才可以做到不急功近利,让人生轨迹不至偏离太远。理想的人生应该追求到拉格朗日漂,虽然小一个量级,但精致的椭圆,构出人生最圆满的画卷。

从冯老师、孙老师那里毕业一晃二十几年,感叹世界的巨变。从浅海室的长城 0520,到现在的天河。从手写的毕业论文,到现在的微信版大作。世界发展得如此眼花缭乱,但慢慢静下心想想,人类走的再远,也不能离开那些经典。

风潮余流也闻香
——贺冯士筰教授从教五十五周年

王凯

中国科学院海洋研究所

今年是导师冯士筰教授从教五十五周年暨八十华诞，可喜可贺。承蒙二十五年前恩师接纳，忝列师门，转入环境海洋学研究。

冯老师耕耘海洋五十五年，在风暴潮、拉格朗日余流等领域开拓创新，引领物理海洋研究新局面。教书育人，桃李遍及海内外，多为行业翘楚，国家栋梁。

冯师谦逊平和，儒雅幽默，实为人生楷模，赞佩之至，心向往之。

衷心祝愿冯师健康！长寿！！快乐！！！

正是：

> 五十五年耕海洋，
> 风潮余流也闻香。
> 呕心沥血育桃李，
> 恭祝长寿乐健康。

附邮件：

张平老师，您好！

看了发来的两部书稿的部分内容，很是感动，心绪一时难于平复。也有提笔记述受教冯门的过往经历。虽有万语千言，但笔力笨拙，难以述及其万一。附上这些天想出的二十个字，表达对冯老师从教五十五年的恭贺之情。

为冯老师编辑两部书稿，头绪分杂，是一件浩大的工程，尤其能将历年的学生都团聚起来，本身就是一件不可能完成的任务。现已得见全貌，很是不易，你们辛苦了！如有需要学生尽力之处，敬请指示。

顺祝夏安！

王凯

感悟

魏皓

天津大学海洋科学与技术学院

自古忠孝不能两全，2008年仲夏我为照顾孤身老母，惜别师友回到天津，先是应聘天津市特聘教授，到天津科技大学海洋学院工作，两年前在天津大学海洋学院建立之初又调入该院。两次从头再来，总需两年奋斗再次创建自己的教学、科研环境。起初每月都要回到青岛，指导尚未毕业的博士并看望冯老师，好似回家一样。也多亏浅海室同仁的帮助，冯老师、孙老师、刘哲、赵亮、原野、刘志宇、史洁、毛新燕纷纷到天津科大/天大支持我的工作，更加体会了一家人的亲情。

放慢奔忙的脚步，回到天津开始有时间跟老师交流各种人生感悟。虽然在海大时偶尔跟冯老师吟诵"只恐夜深花睡去，故烧高烛照红妆"恋春、"已觉秋窗秋不尽，那堪风雨助凄凉"悲秋，如今"离家原知万事难"，更加思念老师、朋友。2010年中秋，我给冯老师寄去"二十四桥月又明，吹箫人去玉楼空。余音依稀鲛人泪，望月犹忆师生情"，过去的十多年老师为我遮挡了多少风雨，伞下少年却不经意。冯老师也于崂山北九水休假中提笔和道"仲

秋邀月又九水，岁月匆匆又一程。二十四桥又明月，广寒宫阙醉箫声。"工作渐入轨道，2011年春节我又寄冯老师"爆竹声声，一夕将除，新桃可换旧符？奔波三百六十五，却难得此刻驻足。天涯咫尺，冰心玉壶，师友平安万福。纵隔千里遥相祝，看来年收获无数。"希望老师安康，也放心在外的游子。冯老师在元宵佳节回复"上元不似仲秋夜，火树金花托玉盘。琴屿飘灯迎沽月，二十四桥送婵娟。"冯老师对我精神上的引导就是导航的灯塔，他送我《中国科技奠基石》、《最后的大师》等书籍，让我了解了叶企孙前辈伟大的人格和为中华民族人才培养做出的高屋建瓴的策划，让我开始做深入思考。

冯老师的初中天津一中，也是我度过六年快乐时光的地方，我们常常回忆共同的老校长韦力，清华大学也是我们共同的母校，我们常常回忆"紫荆花开绣蓝天"的明媚春光。冯老师还应邀为天津一中高中理科实验班的学生做了一次讲座，专门讲德才兼备与体育为先。这其实是冯老师

与冯士筰老师（右）孙文心老师（左）在赫崇本先生雕像前合影（2002 年）

几十年教育和人生感悟，而看台下十五六岁的懵懂少年，听惯了奋发功利的高调，全然不能理解"院士老爷爷"在讲什么。六年过去了，当初的少年已经是全国、乃至全世界优秀大学四年级的学生，他们中有人已在 Science 发表论文（清华大学计算机系姚期智班），他们中很多人已经将每日健身看成与空气和水一样不可或缺，"冯爷爷是对的"。我现在常想，自己真幸运，中学校长要我们每天锻炼 1 小时，"8-1>8"，大学每天下午四点半"走出宿舍、走出教室，去参加体育锻炼，争取为祖国健康工作五十年"，所以整个学习过程没有感到痛苦，简单、快乐、高效，并且在读研期间每周四次通宵和日后海上调查艰苦环境中毫不吃力。如果人人都养成健身的良好习惯，烦恼就不会日积月累，多巴胺的分泌会赶走愁眉苦脸，热情会重新回到年轻人的身上。毕竟对生命的尊重是做人最基本的底线。每种生活都是各自的选择：选择按照别人的标准和游戏规则判断成功，就要承受不自由的压力；选择做平凡的人，

也要在不影响他人的前提下努力生存。选择了就不必为出世入世而纠结，压力人人都有，而对生命的态度决定了你的行为。

子曰"四十不惑，五十知天命"，我四十多的时候依然非常困惑，五十有三，在北极冰原看瞬变的极光突然顿悟。150 亿光年的洪荒宇宙与纳米级的原子内部一样，都由于有相互作用力而使个体运动有规律可循，人也一样，在滚滚红尘中只是一粒微尘，既在时代大潮中难以逾越，也都保持距离独立于自己的轨道。偶尔受激跃迁到高能轨道，最终还是要辐射出获得的能量打回原形，稳定地在原轨道运行。师生的友情和信任就是连接我们的纽带，使我和老师、学生咫尺天涯互相牵挂；在冯老师激励下我获得了高于原轨道的起点，我要用余下的职业生涯，把获得的能量释放出光芒，让更多学生获得激发，好比链式反应，我们的"小宇宙"里更多快乐、善良和美好，这是我从小就想当老师的初心呀。

2017 年 3 月 30 日于北洋青年湖畔

往事点滴

郭新宇

日本爱媛大学沿岸环境科学研究中心

按照学籍我算是 1990 年入学的博士研究生，记得当时全校也没有几名在读博士生，物理海洋专业好像只有我和朱建荣两名学生。因为我是船舶流体力学出身，入学后一边补海洋学的基础课，一边读一些和浅海环流有关的文献。说实话，当时对很多文献的理解都很肤浅，读后也都是一知半解的。庆幸的是，冯老师对我这个外行入门的学生很包容，也给了很多细心的指导。再加上浅海室里几位老师和两位师兄的指点，最终自己也能多少理解了冯老师发表在 Water Resource Research 上几篇经典之作的内容。

1993 年我到日本留学以后，得益于在海大打下的基础，很顺利地拿到了博士学位。再次和冯老师见面已经是 1998 年以后的事情了。从那以后我还算是比较频繁地回青岛，也多次和冯老师、孙老师一起交流谈心，接受一些关于国际关系的教诲。很巧的是，我到日本留学出发前的几天和博士毕业以后第一次回国开会的时候，都在北京遇到了冯老师。出国前的教诲对在

日本的学习，以及回国开会时的教诲对我和国内同行们的合作都有着指导性的意义。印象很深的是冯老师对学生的关心，因为担心我刚回国不知道北京出租车的行情，冯老师特意把我送到了酒店门口，帮我叫了一辆去机场的出租车。

2002 年开始，在黄河口附近开展的调查研究应该算是我和浅海室之间比较实质性的合作研究了。按照冯老师的建议，我们把这个合作项目依托到新成立的环境科学与工程学院，同时物理海洋方面的调查和研究则依附于浅海室。项目刚刚启动的时候，日方负责人柳哲雄教授和冯老师在一起会谈过几次，每次会谈以后的聚餐都会谈到一些中国古代哲学的问题。记得两位可以把这个问题谈得很深很透，谈到尽兴的时候其内容已经深到我这个夹在中间的翻译无法理解，真的就只能会直译，然后让两位老先生意会对方了。

在冯老师的关怀下，在高会旺和江文胜两位老师的带领下，黄河的合作调查研究基本按照原定计划完成，日方负责人也

与冯老师（左）、江文胜（中）赴日本参加国际会议时去会场的路上（2004 年）

认为找对了合作伙伴。当时每年都会在京都举办一个项目成果汇报会。记得有一年是冯老师带队参加，江文胜等几位海大老师也一起来了。我当时有点忙，没有仔细考虑好大家的住行，结果让冯老师和大家一起住在嘈杂的京都站前一个略显拥挤商业旅馆，和年轻人一起吃普通的日本便当，现在每每回想还有些愧疚。

最近这些年我回青岛的时候，冯老师更多地是嘱咐我多帮助浅海室的年轻人。我可以深切感受到他对浅海室的感情和对学生们的爱，我自己也尽可能地按照这个方向努力。其实国内现在的工作环境越来越好，研究水平也在大幅度地提高，和国外同行做的研究已没有太大的区别，甚至在一些方面反而超出了国外同行的研究水平，当然在把科学问题做深做透的方面还需要一些时间。在目前国内学术界稍显浮躁的大环境下，我非常佩服冯老师和浅海室的几位老师依旧能坚持拉格朗日余流的研究。去年在厦门，听冯老师讲拉格朗日余流，虽然还不能完全理解其中的一些新的研究结果，但至少可以理解其是一个自成体系而且完整独立的体系。恰值冯老师八十华诞之际，我衷心祝愿浅海室能在今后的十年甚至百年尺度上继续发扬和拓展这种独创精神，使之成为国内乃至世界上有自己特色的近海环流研究中心之一。

贺冯士筰院士执教 55 周年

朱庆杰

常州大学石油工程学院

自 1992 年有幸师从海大博导冯士筰院士和朱而勤教授，已有 25 年。值此纪念冯士筰院士执教 55 周年之际，感求学之殊遇，不敢忘恩师之情，知遇之恩，却愧于未能光恩师之鸿德，弘海大之校风。冯院士海人不倦、学识渊博、文思敏捷、科研素养深厚，自是让弟子们终生受益。

冯院士高深的学识、追求科学的远大志向，引导诸多弟子踏上科学研究之路。冯院士高尚的师德、严谨的学风，更是为诸多从事教育事业的弟子们树立了表率与典范。正是受益于冯院士的教导，才使我奠定科研的基础，实现高校教师的心愿。弟子毕业已经有 20 余年，虽工作单位几经变动，才能平庸，见识短浅，但不敢忘记导师的教诲，尽职尽责，以期望报师恩于万一。

弟子仿效冯院士导师的样板，从事教育事业，虽不免懈怠与过失，但点滴成绩，终是源于导师的言传身教。在此纪念冯士筰院士执教 55 周年之际，恭祝恩师冯士筰院士健康长寿，桃李满天下。

博士论文答辩时与导师和答辩专家合影（右一为朱庆杰）

竹子品格　吾辈楷模

孙效功

中国气象科学研究院

今年恰逢冯老师从教五十五周年和八十华诞，高会旺教授与我商量，是不是应该写点什么，我俩一拍即合，决定感想一番，以抒发与冯老师多年深厚的师生情。

1987年，我从武汉测绘学院硕士研究生毕业分配到海大工作，原来所学专业是大地测量学，与海洋科学有一定的距离。来海大不久，我就去教务处要了份各专业的教学课程表，并去图书馆查阅了有关海大各专业的书籍，发现物理海洋专业在基础方面与我的专业较近，都是以数理见长。当时冯老师的影响就很大，跟冯老师的学生聊天，都以读冯老师的研究生而自豪，言语中无不流露出对老师的敬仰和做人做事的佩服，这深深地感染了我。当时我就打算改行，渴望1988年就能读冯老师的博士生，然而由于种种原因却一直未能如愿。直到1992年，在我的另一位博士导师杨作升教授的引荐下，正式成为冯老师的博士生，对此我倍感欣慰。

成为冯老师的学生后，跟冯老师相处的机会逐渐增多，通过近距离接触，对冯老师的做人做事有了更加深入的了解和认识，无不为冯老师的大家风范所折服。

冯老师给我的第一印象是抓大放小、严谨求实。记得1999年，国家自然科学基金委地球科学部成立了"海洋科学学科发展与优先领域"调研组，冯老师作为调研组长安排我做秘书。在调研过程中，我发现冯老师对待学术严谨求实、精益求精，同时善于从宏观处把握，并敢于放手让年轻人去干，以在实践中培养学生。在初稿形成之前，冯老师让人把十几份报告交于我，对于如何汇总大家的意见，冯老师给予我总体的指导和鼓励，然后让我大胆去干。初稿形成之后，冯老师给予了充分肯定和表扬，这进一步激励了我的干劲。冯老师不仅自己对初稿逐字逐句去推敲修改，而且为做好这一工作，还组织了广泛的调研和征求意见，不仅征求专家的意见，也征求科技部和基金委的意见，以求集百家之长，提高报告的质量和学术水平。跟着冯老师进行调研，不仅扩大了我的视野，同时也使我对海洋科学内涵的理解有了质的提高，写作水平也大有长进。记得在调研报告成文过程中，冯老师让我们用投影仪把电子版投在墙上，从宏到微，一字一句去推敲，连标点符号和三个"的"字的使用也不放过。其间，冯老师说过一句话，让我铭记于心。冯老师说写材料尽量少用括号，写作水平高的人是很少用括号的。从此以后，我再写材料，一直注意尽量少用括号。

冯老师给我的第二印象是善于倾听、尊重前辈。2001年，冯老师牵头组织申报"海岸带陆海相互作用及环境效应"973项目，我有幸又和高会旺教授扮演秘书角色。在每次研讨会上，冯老师都认真倾听，并让文圣常院士、陈吉余院士等老先生先发言，自己从来不抢着发言，并眯眼细听。在写会议纪要时，要求开头写"经陈吉余院士和文圣常院士提议"这样的词句。开会时总是让老先生先坐，会前会后也总是让老先生走在前面。冯老师这一尊师敬长的美德深深感染和影响着我。

冯老师给我的第三印象是谦逊随和、平易近人。我有个朋友，特别敬仰冯老师，有一次来青岛出差，特想拜见一下冯老师。我告知冯老师后，冯老师不仅非常客气地接待了他，而且还请他吃了饭，了却了我朋友的一大心愿，这使我朋友很受感动。平时工作中，冯老师待人总是和颜悦色，非常随和，没有架子。这里我再讲一个"狗不理"包子的故事。有一次，我等陪冯老师去天津海洋情报所调研，那天中午我提议去吃"狗不理"包子，冯老师二话没说，欣然同意。点餐时，冯老师要的是最传统

的猪肉包子，我和张平老师则点了价钱更贵的三鲜包子。包子上来后，冯老师边吃边抿嘴在笑，我和张平老师尝了尝冯老师的包子，发现比我们点的三鲜包子好吃多了。这时冯老师笑道，傻了吧，猪肉包子才是"狗不理"包子的成名作，不要以为贵的就好吃。吃前不点破，实践出真知，我想这也是冯老师的教育方式，让我们长记性的一招。这次吃饭还有一个笑话，本来是说好我请大家吃包子的，结账时，没想到一摸口袋，钱夹不见了，好是尴尬，我也不便声张，把账单直接塞给张平老师，只好请她买单了。每每回想起来，还是蛮逗的。

我记得有一次我问起冯老师，您名字中的"筦"字好偏僻，打字时不好找，且一换字体就没了。冯老师告诉我，没办法，他们同辈兄弟姊妹名字中的最后一字须是"竹"字搭头的字。我们知道竹子是"四君子"之一，竹的品格坚贞、刚毅、挺拔、清幽、有节，谦虚谨慎是竹的品格，坚韧不屈是竹的气节，无私奉献是竹的风骨，高风亮节是竹的灵魂。我想冯老师的名字不仅承载着家人的期望，也体现了冯家前辈的文化修养。古人云："竹未出土便有节，待到凌云总虚心"。冯老师对长辈的尊重，对晚辈的爱护，做事的执著，做人的谦逊，不正体现着竹子的品格吗？

作为冯老师的学生，我是幸运的，老师的言传身教使我终生受益。"咬定青山不放松，立根原在破岩中。千磨万击还坚劲，任尔东西南北风。"冯老师竹子般的品格将永远值得我们学习，也永远是我们晚辈的楷模。

为我开启海洋之门

管玉平

中国科学院南海海洋研究所

《我的老师》是学写作文的一个题材，也使中外作家笔耕不辍、经典辈出。例如，魏巍的小学老师教了他能背诵一生的诗：

"圆天盖着大海，
黑水托着孤舟。
远看不见山，
那天边只有云头。
也看不见树，
那水上只有海鸥。
……"

离开青岛已整整二十年！回想起走南闯北的经历，我对这首诗境有着自己的感受。冯老师不仅为我开启了通向物理海洋学的大门，还改写了我的职业生涯。在跟冯老师做博士后之前，别说研究海洋，就连海也没有见过。那时正值"下海"（经商）热，而我有幸得到冯老师的指导，学习海洋生态系统动力学。由于我是现役军校教员，要留海大工作需要空军特批转业才行，为此冯老师没少操心，即使在北京开会期间，放弃休息去空司大院为我办事；后来辜负了冯老师的期望，没能留在海大，这件事使我难以释怀，感到对不起老师。张平微信问我写点什么，如同启动了我的记忆键，往事如涌，一时不知从何写起，久久不能落笔。记得二十多年前，也是接到张平的来信（通信技术发展太快了！！！）通知冯老师同意接收我做博士后。对于我们这些游子，浅海室才是家的港湾。写两段顺口溜，以表达学生对老师情谊：

（一）

教书育人讲台播撒海洋经典
著书立说论道风暴环流输运
八关山槐花年年迎蜜蜂酿蜜
育桃李芬芳季季溢五洲大地

（二）

孤舟漂离胶州湾
承载温馨与思念
独在他乡忆浅海
依旧梦乡常浮现

2017 年 3 月 23 日，于广州

和冯老师、孙老师合影（2009 年）

细致入微
——我所熟悉的冯士筰先生

高会旺

中国海洋大学环境科学与工程学院

1996 年春，我从中国科学院大气物理研究所来到青岛海洋大学，在海洋科学博士后流动站从事博士后研究，有幸成为冯士筰先生学术团队的一员，自此与冯先生朝夕相处已有 21 个年头，对其生活中的豁达和学术上的严谨态度体会颇深。

初识冯先生，他已是耳顺之年，但从其精气神看，他得年轻至少十岁。由于工作原因（当时担任副校长），冯先生经常穿一套浅灰色西装，频繁地往来于胜利楼（学校行政办公楼）与文苑楼（物理海洋研究所）之间，他是在努力地把控着学术研究与行政管理之间的平衡。虽然很忙，他总能关注到我们的科研进展，甚至生活中的琐事。

冯士筰先生是我步入海洋科学研究的引路人和事业发展的导师。我很自豪能成为冯先生的学生，但冯先生在许多场合仍把我与其博士生和硕士生区别开来，亲切地称我为同事。本来是学生的年龄，突然改变了称呼，很不适应，也想了很多，是否自己的学识不够，还是哪里做得不好，

或者不是"海洋"科班出身，因此先生不愿意把我当学生看待。为此，我曾在多次聚会的场合"喝过拜师酒"，用师兄弟们的话说，我能成为冯先生弟子中的一员，实为不易。我后来逐渐感受到，冯先生其实从我身上要表达的是另一份感情！一份海洋学科对大气学科的感情！冯先生经常提起，"海洋"与"大气"是一家，在海洋学科的发展过程中，特别是环境海洋学博士点的建立与发展，大气学科的前辈，如叶笃正先生、陶诗言先生、谢一炳先生等曾给予过亲切关怀和大力支持。我是冯先生学生中为数不多的在大气学科获得了博士学位，也由此体会到了冯先生在学科发展，以及"海洋科学"与"大气科学"关系中倾注的"细腻感情"。

冯先生桃李满天下，但对每一个学生的发展都关心备至，不仅在事业上，也在生活上，因此师生关系非常融洽，亦师亦友亦如父。作为在他身边工作时间最长的学生之一，经常能够体会冯先生欢迎来自国内外学生的热情和用心，也感受了他们

之间的师徒情深。郭新宇在日本求学和工
作多年，由于科研合作经常往返于日本和
中国，每年多次来到青岛，冯先生也会多
次抽时间聊聊学术，拉拉家常，或者约几
位熟人一起吃顿饭。王辉作为冯先生最早
培养出来的一批博士研究生，至今还经常
谈起他作为学生时，冯先生与夫人（王阿姨）
对他们一家在生活上的关心与照顾，小到
煤气罐，大到租房子，找工作，在一件件
的生活琐事中渗透着老师对学生无微不至
的关怀。也正是这种师恩和亲情，紧紧地
将学生和老师永远地联系在了一起。

史峰岩（后排中），郭新宇（后排右二）回国
访问时的一次小聚（2014 年）

冯先生在学术上是极其严谨的，对每
个概念的理解都力争做到十分准确，对每
个用词都反复掂量力求表达无误。

最近参编"10000 个科学难题（海洋
科学卷）"，有一个备选条目"海洋水龄谱
及其环境海洋学意义"，我们需要冯先生审
阅并给出修改意见。他首先要求我找到该
条目涉及的所有 6 篇文献，在收到并逐一
阅读了这些文献的基础上，给出了评审意
见。"海洋水龄谱的研究，正如撰稿者所述，
对海洋环境和海洋生态学具有显著的意义。
同时它也构成了当前环境海洋学的难题之
一。海洋水龄谱的研究，当下至少仍存在
两个主要方面的挑战：首先，水龄谱所满
足的是 5 维偏微分湍流方程组 – 时空 4 维
加上年龄 1 个维度，与传统的物质浓度所
满足的时空 4 维偏微分方程显著不同。因此，
求解水龄谱，不仅比求解物质浓度更为复
杂，而且计算量也大得多。更为严重的挑
战是，因缺少有效的观测手段而无法给出

观测证据，故水龄谱这一概念还停留在理
论层面。因此，未来对水龄谱的研究，必
须在进一步加强机理探求和发展数值模型，
以及计算方法的同时，更加要强调现场观
测的基础工作。最后一点建议：一个海水
微团的水龄，这一状态变量本质上是属于
拉格朗日概念的，故今后在求索海洋、特
别是潮流占优的近海、海湾或河口环境的
生态系统动力学和长期输运过程之水龄谱
问题时，或许可借鉴和利用拉格朗日时均
模型的理论和方法并加以推广和发展之。"
提交审稿意见时，给我附了一封短信（微
信）"会旺：抱歉！迟了两小时十二分钟"。
当我留意微信发出的时间时，不禁汗颜：
2016 年 12 月 19 日凌晨 2 点 12 分。这就是
冯先生对待学术的态度，耄耋之年尚且如
此，事事率先垂范，为我辈之楷模。

2017 年正月于青岛

我的导师冯士筰院士

江文胜

中国海洋大学环境科学与工程学院

我一直觉得自己很幸运，在求学和工作阶段遇到了多位好老师，都堪称是良师益友，对我的学业和生活带来了很大的帮助，其中冯士筰院士是特别令我敬仰的一位。

冯老师出身于天津的教育世家，在大学期间就非常努力，他每天晚上从教室回到宿舍后还要学习一段时间，在20世纪60年代粮食匮乏时期，晚上只能啃一块白天省下的窝头作为夜餐。来到青岛后，夫妻长期两地分居的艰辛，政治风暴的洗礼，都没能阻碍冯老师对科学的追求，在"运动"之余便独自一人躲起来悄悄进行研究。在冯老师身上，刻苦努力、治学严谨的故事还有很多，我想对于有成就的研究者来说，这些素养大体都是一样的，不想在此赘述了，下面想讲一下他在中国知识分子责任感传承上的贡献。

我是1992年来到当时的青岛海洋大学读研究生的，师从于物理海洋研究所浅海室的孙文心老师，两年后转为直读博士，由冯士筰老师和孙文心老师合带。一来到

浅海室我就知道，冯老师和孙老师是清华同学，大学毕业后他们和同班同学方欣华老师、魏守林老师一起来到了当时的山东海洋学院，他们这四位同学都为中国的海洋事业贡献了自己的力量，取得了丰硕的成果。在研究方向上冯老师和孙老师都属于浅海动力学方向，他们两人共同领导着浅海室这个研究组，营造了一个和谐进取的研究氛围，老师和同学之间的关系十分融洽，所以从我进入这个研究组开始就受到了冯老师的教诲。

但是由于自己那时年轻，很多事情都不明白，而且自己是从别的专业转过来的，所以开始的时候将主要的精力放到了补课上，对于冯老师的教诲没能很好地理解。经过了多年的努力，也随着年龄的增长，自己回过头来，慢慢体会才发现原来冯老师讲的很多事情是非常有道理，很有深意的，也慢慢理解了他的良苦用心。

和冯老师接触久了，会发现他讲话时喜欢将问题放到一个大的时空背景下，一般不是就事论事，刚一接触的人可能会觉

得他说话有些啰嗦，过后一琢磨你会发现你觉得他说话啰嗦的部分恰恰反映了他思考的全面性，只是一开始你难以领会罢了。而且冯老师是一个非常谦和的人，他不会将自己的观点强加于人，他总是将事实摆到你的面前，希望通过你自己的思考得到结论，这一点对于培养学生的科学思维是很有帮助的。

这些年我承担着海洋科学本科教学的行政管理工作，在这方面向冯老师请教了很多。而一提到中国的海洋科教事业，冯老师总是提到赫崇本先生。赫崇本先生是我国著名海洋物理学家、海洋科学教育家、中国物理海洋科学的主要奠基人之一，1952年中国高等院校院系调整，赫崇本先生出任山东大学海洋系的首任系主任，自此中国海洋科学高等教育迈入了全面系统发展的阶段。赫崇本先生筹办海洋系的主张是，一要办出特色，二要配备较强的师资。所谓办出特色，就是首先要筹办物理海洋专业，其次，赫崇本先生坚持再办一个海洋气象专业，在师资阵容上，他聘请了唐世凤、毛汉礼、王彬华、牛振义、文圣常等一批著名教授加盟，保证了高水平的教学质量。另外他还注意年轻人才的引进培养，每年从国内著名高校引进毕业生，前面提到冯老师他们四个同班同学就是赫崇本先生从清华要来的，赫崇本先生对这几位同学的学业还给予了特别关注，后来有人讽刺他们是"四个宝贝"。现在看来，正是赫崇本先生当时的决策为今天中国海洋大学物理海洋的发展奠定了基础，这是

赫崇本先生在中国海洋教育事业上的一大功绩，所以冯老师对他的敬仰是完全可以理解的。

有一天，冯老师送给我一本书叫《最后的大师》，是一部叶企孙先生的传记。说实在的，不知道为什么我不喜欢看传记，但这本书却深深打动了我，它揭开了一段被刻意掩盖的历史，它串起了中国现代科技发展的一条重要线索。叶企孙先生以其爱国热忱和敏锐的洞察力派遣学生到国外留学，为国家在许多领域培养了开拓领军人才，而这些学生则在学成归国后支撑起了中国现代科技的发展。例如，23位受表彰的两弹元勋科学家中，有9位和他有直接的师承关系。赫崇本先生即是叶企孙先生在清华物理系的第四届毕业生之一，1943年他接受了建议去美国学习气象学和海洋学，1949年他学成回国大大推动了中国海洋教育事业的发展。

但是当时冯老师是不知道叶企孙先生的事迹的。据他对我讲，他听说叶企孙这个名字还是通过赫先生，但由于当时的环境，是语焉不详的，他了解叶先生这个人也是通过《最后的大师》这本书。

尽管他不知道这些事情，但赫崇本先生的献身科教、甘为人梯的精神却深深地影响了冯老师。冯老师担任教育部海洋科学与工程教学指导委员会主任委员8年，当时正处于我国高等教育蓬勃发展，海洋高等教育迅猛发展的时期，如何在时代的大潮中不迷失方向又顺应时代，这是需要大智慧的。他亲历亲为，从课程、教学团队、

1997年获得博士学位时留念
左起：管华诗，冯士筰，江文胜，文圣常

人才培养方案直到整个专业的建设和发展，他都悉心指导，他领导取得的两项海洋科学专业教学研究成果分别获得两届国家级教学成果奖，为中国海洋科学高等教育作出了巨大贡献。

在冯老师做出这些成绩的背后，其实可以看到叶企孙先生、赫崇本先生为代表的中国传统知识分子的影子，有一种责任感在他们中间传承。这些不是通过说教完成的，而是通过一代一代知识分子的潜移默化，将它传扬、发展，我们作为后学晚辈，已经看到了诸位老师的做人、治学的态度，现在需要做的就是将其化为自觉，为自己的学生树立榜样，把这种精神传下去。

冯老师指点迷津二三事

刘光兴

中国海洋大学环境科学与工程学院

1995 年，正值国际上全球海洋生态系统动力学研究计划（global ocean ecosystem dynamics，GLOBEC）如火如荼地开展，国内 GLOBEC 计划正在酝酿发起阶段。这一年，注定是我难以忘怀和意义重大的一年，之所以如此，还要从我与恩师冯士筰老师的结缘说起。

1990 年，我从厦门大学海洋学系浮游动物学方向（郑重教授领衔，李少菁、李松、许振祖、沈国英等教授为学术带头人）硕士毕业来海大工作，当年把行李安放在一多楼附近的学校招待所并到人事处报到之后，第二天即参加了青岛市海岛资源综合调查研究项目的出海任务。之后几年，除了承担本科课程"海洋浮游动物学"的教学工作外，参加的科研工作基本以海洋浮游动物调查研究为主，如国家"八五"科技攻关项目"青岛东风盐场基础生物学研究"，国家攀登 B 计划项目"虾池生态系优化结构的研究"等。科研方向从研究生期间的浮游动物生物学与实验生态学（研究海洋浮游桡足类的生殖与摄食），转向了

浮游动物自然生态学（研究浮游动物种类组成、数量变化及时空分布）。这两个方面虽有一定联系，但侧重点却大不同，前者更侧重于浮游动物的生理特征，可以理解为属于海洋生物学的范畴，后者则侧重于浮游动物的生态特征，可以理解为属于生物海洋学或海洋生态学的范畴。因二者之间存在较大的跨度，在开展浮游动物自然生态学研究的过程中，深感自己海洋学综合知识之不足。我虽曾学习过海洋学课程，但对物理海洋学等知识的了解并不深入，因此，特别期望有继续学习深造的机会。

我的想法得到海洋生命学院张志南老师的大力支持，并向我简要介绍了冯士筰老师领导创建的我国第一个环境海洋学博士点和硕士点，推荐我报考冯老师的博士研究生，他作为该学位点生物方向的导师，可以具体指导我的有关研究。环境海洋学属于海洋科学与环境科学的交叉学科，其核心是研究人类社会发展与海洋环境演化规律的相互作用、寻求人与海洋协调发展，其内涵包括海洋环境系统及环境要素的性

质、分布特点和变化规律，海洋污染及污染物的扩散、沉积或输运过程与机理，污染物对海洋生物的影响等，其研究范畴也体现了物理海洋学、生物海洋学、化学海洋学、地质海洋学等学科方向的交叉。这样的学科正是适于我开阔视野、扩充知识、提升能力的平台。

1995 年，我进入攻读博士学位阶段。此时，正值 GLOBEC 风生水起，我国相关研究正在起步，海大文圣常院士领衔、多学科老师参与的国家教委重点项目——"胶州湾生态系统动力学研究"得以实施。我在学习掌握更多环境海洋学等学科知识的同时，也在参与该项目的研究过程中遇到了一些困惑。此时，冯老师结合我本人的研究基础和 GLOBEC 的有关背景，为我出谋划策，要我在了解国际 GLOBEC 计划的同时，密切关注美国、英国等海洋科技强国浮游生物研究的热点和研究进展，如美国 GLOBEC 计划中有关浮游生物的研究、切萨皮克湾和加利福尼亚近海浮游生物观测及其与物理海洋学过程的关系研究等，从中找到自己开展浮游动物研究的切入点，研究重点应聚焦于浮游动物的群落结构、时空变化及其与海洋环境的关系。这为我的研究指明了方向。沿着这样的方向，开始了胶州湾生态系统动力学研究项目中有关浮游动物生态学的研究，海上现场采样、室内样品分析、数据处理等系列工作相继展开。针对浮游动物与海洋环境之间关系的研究，又面临着定性分析与定量分析有机结合的问题。在国内以往的研究中，该类研究更多的是结合浮游动物数据和水文条件变化的定性分析，而定量研究尚欠缺。而国际上，已有许多生态模式或定量分析软件应用于海洋生物与环境关系的定量研究，其中，由英国普利茅斯海洋研究所（Plymouth Marine Laboratory，PML）研发的多元生态分析软件 PRIMER（plymouth routines in multivariate ecological research）是一款非常适用于海洋生态学研究的软件。恰逢此时，张老师与普利茅斯海洋研究所的国际著名底栖生物生态学家 Richard Warwick 教授的中 - 英合作项目获批，而 Warwick 教授是软件 PRIMER 的主要研发者之一，他与 PML 的浮游动物学家 Alistair Lindley 教授一起，受邀来海大开展合作交流，向我们介绍了 PRIMER 及其使用方法，此乃国内首次引进 PRIMER 软件并应用于海洋生态学研究。其后的 1996 年，我有幸获得张老师中 - 英合作项目的资助，赴 PML 及哈代海洋科学基金会（The Sir Alister Hardy Foundation for Ocean Science，SAHFOS）进行了为期两月的访问学习。PML 和 SAHFOS 均是我仰慕已久的国际著名海洋科研机构，且 SAHFOS 是以国际著名海洋浮游生物学家 Alister Hardy 爵士（我国海洋浮游动物学的开拓者郑重教授的导师）命名的国际性非盈利科研机构，其自 1931 年运行至今的海洋浮游生物连续采集器（the continuous plankton recorder，CPR），以及在全球变化等领域取得的成果（发表于 Nature、Science 等），令人瞩目。访问期间，我进一步学习并熟练掌握了 PRIMER 软件，在 PML 图书馆领略了挑战者号报告等历史巨著，参阅、复印并带回了大量学术文献，感受到了 SAHFOS 的团队合作，开阔了学术视野。同时，在参与 Lindley 教授有关多氯联苯（PCBs）对海洋桡足类毒性效应研究的过程中，既了解到海洋污染对桡足类种群补充有显著影响，也在头脑中浮现出一系列疑问：在英国这样发达的国家，对污染的治理和控制已达到相当高的水平，尚且存在有机污染物严重影响桡足类生殖、发育和种群增长，进而影响到鱼类等经济动物的饵料供应和渔业资源的问题，那么，在我国，海洋污染的状况如何？主要入海污染物对浮游动物的影响如何？应从什么角度切入研究？等等。

回国后，我在向冯老师汇报学习经历时，也就这些疑问进行了一番讨教。冯老师首先指出，这些问题正是环境海洋学所涉及的主要内容，并从海洋环境、海洋生物、人类生产活动等不同层面阐释了其与海洋污染的关联；紧接着，又从浮游生物属性、水动力环境对污染物输运和浮游生物分布的影响、浮游生物对污染物的响应及其在海洋环境健康方面的指示作用等方面，分析了浮游生物的重要性，为我寻找研究切入点提供了思路。

在冯老师的精心指点和张老师的悉心指导下，我进一步理清了自己的研究思路，明确了研究目标，经过深入思考和不断努力，逐步确立了我实验室的研究方向——海洋浮游生物学与生态学、浮游生物分子生态学及浮游生物生态毒理学。

光阴似箭，日月如梭，转瞬间，20 余年已悄然过去。感恩冯老师和张老师的合力指导，感谢一路上给予我帮助、指点、激励、支持甚或有意无意制造难题的人们，他们为我指明了努力的方向、提供了前进的动力、培养了直面困难的勇气。20 余年来，有关海洋浮游生物学研究虽然因各种原因而经历了很多波折，但本人一直不忘初心，坚守海洋浮游生物学与生态学这一海洋生物学和生物海洋学领域不可或缺的阵地，砥砺前行。

感念冯士筰院士

游建胜
福建省海洋与渔业厅

接到中国海洋大学张平老师的电话，知道今年是冯士筰院士从教从研55周年，我十分感念，总想写点什么，但也十分犹豫。为了今后不留遗憾，只能诚惶诚恐地把自己的一些想法留下，以报老师教诲。

1990年我从中国科学院硕士研究生毕业之后，就为当时没有去攻读博士学位研究生而感到十分遗憾，总是在寻找机会要把这课补上。之后在福建省从事海洋管理工作，认真阅读了各类海洋管理、海洋经济、环境科学、区域规划等书籍，也撰写了一些文章，但总觉得肤浅，总觉得深度不够、知识体系不完整。经过与一些院校导师的联系尝试，最终选择报考了中国海洋大学环境科学专业的冯士筰院士的研究团队。冯老师在我通过入学考试之后也接收了我，给了我这么一个难得的机会，我相信这是我一生的荣幸。

在海大学习期间，冯老师不仅安排团队的鹿守本教授、李永祺教授悉心教导、研究选题，而且在十分繁忙的工作之余安排时间协助学生拟定选题方向、确定研究重点，多次参加学生的研究课题讨论并给予认真的点评，为我能够进一步提高论文研究水平和顺利通过专家评审奠定了很好的基础。我的博士研究论文是结合我具体负责的福建省大比例尺海洋功能区划的研究和编制确定的，首先工作就是在全国大比例尺海洋功能区划导则基础上进行修订形成福建省的大比例尺海洋功能区划技术实施方案，有一定的创新性。当时福建省的大比例尺海洋功能区划就是根据这个技术方案编制完成的，尔后被国家海洋局和福建省人民政府批准作为福建省批准海域使用管理的基础依据。因此说，冯士筰院士和鹿守本教授、李永祺教授对福建省开展海域使用管理工作是功不可没的。

回忆在海大师从冯院士学习的那段日子，给我的感觉一直是十分温馨的。冯院士精心关怀，鹿守本教授认真指教，海大的领导、老师和工作人员都无私地提供了很好的服务。特别是冯院士对学生的指导教育不仅善于启迪启发，而且也十分温和，敦厚诚恳，因此让学生很有"坐春风、立寒雪"的感受。我在海大学习研究海洋科学和海洋管理的时间十分短暂，当时的一些文章现在仅仅在一些学者研究海洋的论文参考文献中依稀可见，多数都已随着时间落花流水了，但好在兴趣还在。冯老师门下弟子众多，成就斐然，但师恩难忘，下笔沉重，仅此记录一下自己的点滴体会，以感念冯老师的教诲。

2017 年 5 月于福州

恩师指引我不断向前进

赵领娣

中国海洋大学经济学院

我有幸于 2000 年师从冯士筰院士攻读环境科学专业博士研究生，在恩师的精心培养与指导下，于 2003 年顺利戴上了博士帽、穿上了博士服，获得了博士学位。

我于 1993 年调至青岛海洋大学工作后，希望读博士的想法与日俱增。但由于工作无法脱身，便寄希望于读在职博士。然而，以海洋特色见长的青岛海洋大学，在当时没有经济学、管理学博士点，我的这一希望彻底破灭了。只能先全身心地上课、写论文、做课题，为能评上副教授、教授而全力以赴。终于，1998 年破格晋升为教授。然而，一直未实现的攻读博士学位的愿望不仅没有减弱反而愈加强烈。脱不开身的工作和尚小的孩子，使得攻读在职博士成了唯一选择。伴随着不断的烦恼、痛苦，不停地搜寻、咨询，终于有一天惊喜得知，在著名的冯士筰院士名下，有海洋环境管理方向的招生名额，真是欣喜若狂！

然而，暂时的兴奋之后，是更大的苦恼。虽然与作为民建海大支部领导人、介绍自己加入民建的冯院士相识，但依然没有提出拜冯院士为师、在职攻读博士学位请求的勇气。在用了一年时间、认真阅读了冯院士的相关著作和文章之后，终于鼓足勇气、以豁出去的架势，向冯院士提出了请求。令我异常激动的是，冯院士答应了我的请求，他那句"都是教授了，还跟着我读博士，我恐怕指导不了，还要靠你自己"的话语，至今依然时常萦绕在我的耳畔。这句话，既是冯老师谦逊豁达优秀品格的充分体现，又是冯老师对我读博希望和要求的具体表达。一方面，作为教师的我，每每以此句话为训，在时常警醒自己的同时，也作为我履行教书育人职责的经典范例，教育我的本科生、研究生、博士生，如何做事先做人。读书学习文化知识，首先应该学习的是如何做人，如何做像冯士筰院士这样的大人物一样的谦逊豁达之人。另一方面，从接到冯老师"自己努力"要求的那一刻起，我便时时严格要求自己，刻苦学习、独立思考、开拓进取，下定决心不给冯老师丢脸、抹黑，努力成为一名合格的冯老师的博士生。虽然读博士期间，经常是上午给本科生上完课后午饭

博士毕业时冯老师授
学位（右为作者）

都来不及吃，就要冲向班车从浮山校区赶往鱼山校区上自己的博士生课（最多是课前抓紧时间啃两口饼干），下午再坐班车从鱼山校区返回浮山校区的家，端着饭碗，连吃饭的力气都没有、只想趴在饭桌上就睡。但是，在冯老师的不断鼓励和感召下，在冯老师的精心指导和细致培养下，我终于克服重重困难，没有辜负冯老师的殷切期望，用三年的时间，一边工作一边读书，顺利获得了环境科学专业的博士学位。

博士学习期间，冯老师为我提供了各种学习和锻炼的机会。曾派我前往舟山，进行海洋经济与管理发展的实地调研。这次调研，使得我有机会亲眼看到舟山市渔民弃船上岸、发展休闲渔业、稳定增加收入的发展成果；亲眼看到舟山市渔民科学开展深水网箱养殖、有效抵御台风等自然灾害、持续增加收入的喜人成就。这一实地调研成果，在为浙江省海洋经济发展战略高峰论坛的演讲稿准备素材的同时，也为我后来的博士毕业论文积累了丰富的第一手资料，更为重要的是，为我后来成功

申请国家教育部留学回国人员科研启动项目、特别是成功申请国家自然科学基金面上项目"风暴潮灾害科学经济预警及损失最小化政策研究——以粤闽浙沿海地区为例"奠定了扎实基础。博士学习期间，冯老师还推荐、鼓励我参加民建中央举办的中国经济可持续发展战略研讨会议。我有幸在大会上做了"中国企业绿色国际竞争力提升"的报告，表达了自己的学术观点和研究成果。以此次研究成果为基础，先后发表了一批高水平的学术论文，获得了山东省教育厅科研优秀成果奖、山东省社会科学优秀成果奖，获批了山东省教育厅研究项目、山东省社会科学规划研究项目，特别是第二次成功申请到了国家自然科学基金面上项目"能源与环境约束下人力资本驱动低碳转型机制、路径及政策研究"。这一切积累和成果，使我获得了中国海洋大学应用经济学博士生导师的资格，被评为三岗教授。

我的每一步成长，每一点进步，都凝聚着冯老师的心血，都是恩师精心培养、细心呵护的结果！

细推物理须行乐，秋水文章不染尘
——写在我的导师冯士筰院士从教五十五周年之际

刘哲

国家自然科学基金委员会

1995 年，我所就读的高中推荐我参加了青岛海洋大学（现中国海洋大学，下文简称"海大"）的高考保送生面试。作为一名高中生，我对海洋还停留在简单的感观认识，对海大非常陌生，对海洋科学也几乎一无所知。面试结束后，招办老师递给我一份招生简章，并热心向我介绍了海大"王牌"专业——"海洋学"。该专业由赫崇本先生等老一辈科学家创立，文圣常先生和冯士筰先生等名师任教……这是我第一次听到冯老师的大名。真没想到，这次面试成为我跟恩师师生缘分的开始。

本科期间，我获得了"赫崇本奖学金"。颁奖礼上，冯老师作为海大校领导参会并讲话。冯老师的讲话虽然简短，但涉及海洋科学的使命，赫先生精神的传承，以及中国海洋科学人才的培养，信息量颇大、冲击力极强。这是我第一次聆听冯老师的教导，也感受到冯老师对海洋科学和教育事业的无限热爱。

本科毕业，我获得了保送读研的机会，但对专业方向的选择，令我一度感到十分迷茫。当魏皓老师了解到我的情况后，让我准备了大

学四年的成绩单，并表示非常愿意将我引荐给冯老师。约一周之后，在魏老师的带领下，我敲开了冯老师的办公室大门。当时的场景至今历历在目，与冯老师握手的那一刻，我的心情非常期待。但当我的余光看到冯老师桌上摆放着我的成绩单，上面似乎还有一些标注时，心中又有些忐忑。冯老师跟我讲的第一句话——"欢迎你"，迅速平复了我略有不安的心情。在问及了我个人的研究兴趣后，冯老师告诉我，海大环境科学与工程一级学科已得到教育部批复，希望我在填报研究生专业方向时能选择环境科学专业。冯老师还教导我科学研究不要急于求成，而要勇于探索，"揭示自然界的规律"。这是我第一次近距离聆听冯老师的教海，并了解到海洋特色环境科学的专业背景。也是由那时起，我一直在物理海洋学与海洋环境科学的交叉研究之路上奋斗，并沉浸在这条路上的艰辛与快乐之中。

2006 年，博士后出站，我回到母校应聘任教。试讲之后，我前去拜访冯老师，并就自己对海洋物质输运研究中的一些困惑，向老师请教。冯老师并未急于回答我

的问题，而是告诉我，他和张经老师、魏皓老师等合著的《渤海环境动力学导论》，经过多年的精心准备，已经出版，并亲笔签名后赠送给我一本。我接过冯老师的专著，一看冯老师写的寄语竟然是"刘哲：斧正……"，顿感汗颜，表示不敢接受。冯老师笑着对我说，他相信今后我会成为能"斧正"这本书的人之一，并表示愿与我讨论与此书内容有关的问题。冯老师的鼓励让我倍感压力，也体会到冯老师的良苦用心。仔细研读这本著作后，我发现冯老师已将拉格朗日余流理论由弱非线性拓展到一般非线性，这显然是海洋环境动力学研究中里程碑式的进展！而这也恰是我苦苦寻找的水交换研究（如水龄、存留时间等）背后的动力学基础！当我兴冲冲地向冯老师汇报自己的心得时，冯先生给予我很大的鼓励和肯定，并希望我能将余流与水龄、存留时间等研究结合起来，从而丰富这一理论体系的内容。这次经历是我学术生涯的"历史抉择"，不仅使我在学术上真正"入了师门"，而且找到了自己的特色研究方向。我非常庆幸自己能在关键时刻得到冯老师的指导和支持。

冯老师是个非常包容的人，而作为他的学生，我有时非常"犟"。2013年年底，我得到去国家自然科学基金委工作的机会。当冯老师得知此事时，虽然对我送上了一些祝福，但从老师的言语和眼神中，我也感受到了他对我的不理解，和由此产生的失望。离别之际，我对恩师表示，不管别人怎么看，我不认为自己远离了所钟爱的科研事业，并且在不久的将来，我一定会重新回到科研的主战场。

离开海大后，与冯老师的联系并未因空间距离的增大而减少。事实上，冯老师一直关心着我的发展；多次深入、坦诚的交流，增强了师生间的相互理解。2016年春节前夕，我去看望冯老师，结合自己的管理和科研工作，我向冯老师汇报了个人对海洋环境动力学发展的一些认识和体会，其中，不乏一些忧虑。冯老师取出一页印有他所创立的拉格朗日余流理论经典公式的图片，在其上写下了"细推物理须行乐，秋水文章不染尘"，并将其当作新年礼物赠予我。

我再次拿出这张珍贵的图片，品味其中的含义。联想起，在"文化大革命"那样复杂的政治环境和艰苦的工作环境下，冯老师坚定地追随赫崇本先生开展风暴潮研究，并创立超浅海风暴潮理论；在许多国内学者们满足于跟跑国际"学术主流"，唯发表论文数量和影响因子为人生追求，而自娱自乐时，冯老师及其合作者不盲从国外，独树一帜地创建拉格朗日余流与物质输运理论体系；在国内浮躁的科研气氛下，冯老师淡泊名利，不热衷去跑项目、要资源，却甘为人梯，花大量的时间与学生们一起推导公式、推敲概念，撰写专著，总结毕生学术思想，并留予后人……这不正是恩师对科学事业的孜孜追求的具体体现吗？这不正是恩师希望我们后辈能够体会和传承的宝贵精神财富吗？

值此冯老师从教五十五周年和八十华诞之际，谨向恩师致以最诚挚的敬意，衷心祝冯老师健康长寿！万事顺意！

2017年6月2日于北京

致敬冯先生

樊星

中国科学院遥感与数字地球研究所

收到张平老师邮件后犹豫良久，始终不敢落笔。冯先生门下人才辈出，能与诸多学业有成的前辈同列，实乃惶恐。

2005年的9月还是盛夏时节，初入海大校门，鱼山校区紧凑的格局和古朴的建筑是与北洋园不一样的景致。入学伊时便耳闻校内诸多中坚力量皆出自冯先生门下，作为外来"和尚"的我对先生的第一印象便是"桃李满天下"这五个字。机缘巧合，我有幸成为浅海室的一分子，得先生指点。我硕士毕业于天津大学流体力学专业，故常与先生聊起陶建华教授和清华园的张兆顺教授。冯先生是谦逊的，陶先生年长先生一岁，故每每提及陶先生必称"师姐"；张兆顺先生与我的师爷舒玮教授同为钱学森先生在清华大学力学班的弟子，因此还特意梳理清楚我们的辈分问题。依稀记得冯先生说过张先生高其半级，但半级也是老师。于学生而言，师者的言传身教最是受益终身。

2005～2008年在浅海室学习期间，适逢冯先生居家休养，每次探望先生最是关心我的学业进度，询问得十分仔细，并给出意见及建议。由流体力学专业转入物理海洋学专业之路与冯先生有相似之处，故而先生一直鼓励我克服暂时的困难，以加倍的努力来认知这片蓝色国土。魏皓老师常说的一句话是"我们是一家人"，的确如此。浅海室是个温暖的大家庭，全体成员亦师亦友，互帮互助。良好的学术氛围和家人般的关系值得一生珍惜。聚是一团火，散是满天星。先生的鼓励一直是我前行的动力。

十分遗憾的是，曾经的一次电脑硬盘损坏致使我丢失了与冯老师的珍贵合影。于是只能将影像珍藏于心间，同先生的谆谆教诲一道。最后，衷心祝福冯老师及家人永远幸福安康！祝浅海室全体成员事业／学业有成！

薪火相传

刘光亮

青岛海洋科学与技术国家实验室海洋智能计算与大数据联合实验室

转眼间从中国海洋大学博士毕业已三年有余。研究生期间经由高会旺老师、刘哲老师引导，起步接触浅海环流及长期物质输运之后，就有幸师从这个研究方向上的权威——冯士筰老师继续深入研究，不能不说是一种幸运。

冯老师治学严谨求实，待人宽容豁达，厚德载物，育人犹如佛家开示，潜移默化之中心境已然大不相同。冯老师总是特别尊重学生的自主意愿，一言一行都影响着我们，做什么全然都是以学生好为出发点的。

为了我们的成长，冯老师作出了巨大的努力。在撰写文章的时候，需要与冯老师反复讨论。冯老师日程紧张，但总是挤出时间来与我讨论，有时甚至一周见面两次，而且经常是不论假期周末，时间合适即可。那时我住在崂山校区，而讨论往往在鱼山校区冯老师的办公室，我需要起大早坐两个多小时的公交去见面。有时候我早到一会儿，等在文苑楼前，远远迎着蹒跚走来的冯老师。冯老师、刘哲老师和我

在讨论投稿的事情，外面坐着张平老师，碰到周末假期，整层楼只有我们几个人。那时候，手里拿着冯老师细细修改的初稿，初稿用铅笔修改得密密麻麻，细致到某个单词的应用。联想到毕业的时候，冯老师签写毕业材料眼神都费力，却不知冯老师当时改写我论文时所费的心血。

讨论的时候，冯老师从未将我当作无知之人，而是一个可以平等讨论的人。那时，冯老师耐心地讲着问题，阳光射进屋里来，照在了冯老师、刘哲老师和我身上，觉得就像是照在了薪火相传的祖孙三代人身上，自己也永远记住了那一幕。冯老师总是认真倾听我提出的每个问题，后来回想自己提出的问题多有谬误和唐突。冯老师总是说，这个年纪正是实现科研突破的时候，历史上许多的科学人才正是在这个年纪有了科学上的重大发现，因为他们思维活跃，敢于突破。当时的自己有些惶恐，却不知在自己后来做研究的过程中，冯老师的这份相信给了自己莫大的信心和勇气。无论遇到什么样的问题，都相信自己有能力把

博士答辩时与导师和答辩专家合影
左起：李凤岐，魏皓，袁东亮，刘哲，刘光亮，
汤毓祥，冯士筰，孙文心，江文胜，高会旺

问题解决。

　　觉得读研究生之前的自己只是根铁棒，冯老师和刘老师的谆谆教诲就像是磁场，那一幕幕似乎有神奇的力量，我慢慢也有了磁场。后来无论走到哪里，始终难以忘记冯老师对于科研的那份热爱与坚持。冯老师经常提起年轻的时候受到"文化大革命"干扰，劝诫我们年轻的时候多多努力。以后的路还很长，一定谨记冯老师的教诲，做好自己，做好研究，念念不忘，必有回响！

　　愿恩师遥在青岛，身体健康，开心快乐！愿浅海室人才辈出，薪火永传，多多涌现开创性重大成果！

"鱼"和"渔"

王涛

河海大学海洋学院

"授之以鱼,不如授之以渔",可能对于科研而言,"渔"不仅仅指科研方法,更多的是指科研理念和科学态度。我觉得自己非常的幸运,每次跟冯士筰院士讨论,都能一次地获得"鱼"和"渔"。数年学艺,冯老师不仅仅把我带入了浅海环流和拉格朗日余流研究的美丽世界,更让我体会到如何坚持自己的科学信念,不急功近利,踏踏实实地去做自己的研究。冯老师高屋建瓴的科学观点,每每都让我不禁感叹。记得有一次在讨论等密度面时均方法的时候,我想尽了很多办法去解释它,而冯老师一句"这应该是一种类似于欧拉余输运的表达",一语点破梦中人,点出了等密面时均方法的本质。每次跟冯老师讨论后的内容,往往要回去回味很久。甚至有时过去很久,在研究到某个问题时,一拍脑袋,恍然大悟,这原来就是冯老师曾经表达过的意思。非常幸运,在博士期间,能得到冯老师的指导,他教诲的科学理念将使我受益终身。

开会期间与冯老师、江文胜老师在餐厅讨论论文

学海兰舟

冯士筰院士
从教五十五周年

桃李天下

博士研究生

吴德星

师从冯士筰教授
1992 年获物理海洋学博士学位

中国海洋大学教授，博士生导师，973 计划项目首席科学家，第十一届全国人大代表。曾任青岛海洋大学海洋环境学院常务副院长，青岛海洋大学科研处处长、副校长，中国海洋大学党委常委、副校长、校长等职。曾兼任教育部高等学校地球科学教育指导委员会副主任委员、海洋科学与技术类专业教学指导委员会主任委员、中国海洋学会副理事长、

中国海洋湖沼学会副理事长、中国海洋工程咨询协会副理事长职务。

主要从事海洋环流动力学，近海环境质量预测机理与方法，海洋动力环境精细化数值模拟技术研究。主持国家重点基础研究发展规划项目、国家 863 计划海洋领域课题、国家科技攻关课题、国家自然科学基金项目等国家级项目 30 余项。在船基海洋观测平台技术、我国东部海区海洋暖流系统和赤道深层急流理论构建、海洋动力耦合数值模式发展和数据同化与分析方法研究等方面取得重要创新成果。共获国家科技进步二等奖 1 项，海洋工程科学技术奖一等奖 1 项，教育部自然科学奖一等奖 1 项，教育部科学技术进步奖一等奖 1 项，中国高校自然科学奖二等奖 1 项，天津市科学技术进步二等奖 1 项，国家环保总局科学技术三等奖 1 项。2004 年获国务院政府特殊津贴，2008 年被韩国总统李明博授予大韩民国宝冠文化勋章。

王辉

师从冯士筰教授
1989年、1992年分别获物理海洋学硕士、博士学位

国家海洋环境预报中心主任，研究员、博士生导师。曾在北京大学从事博士后研究工作（1992～1994年），先后任国家自然科学基金委员会地球科学部海洋学科主任、四处处长（1994～2004年），中国气象科学研究院副院长（2004～2008年），黑龙江省气象局副局长（挂职，2007年），国家海洋环境预报中心常务副主任、主任等职（2008年至今）。历任中国海

洋学会常务理事，GODAE OceanView科学咨询委员会委员，《海洋预报》主编，《气象科技》副主编，《海洋学报》、《热带海洋》和《海洋科学进展》编委会委员。

主要从事全球业务化海洋学、海洋灾害预警报技术、海洋生态动力学、气候变化及区域响应、海洋战略等领域研究。先后主持国家重点研发计划、国家科技支撑计划、国家高技术研究发展计划（863计划）、国家自然科学基金重点和面上项目、海洋公益性行业科研专项等国家级项目20余项。在全球海洋环境预报系统建设、海洋环境和海洋灾害预警报、海洋灾害应对决策服务、中国海洋观测网规划等领域作出重要贡献。曾组织实施国家自然科学基金海洋科学领域的相关工作，推动交叉学科发展和重大研究计划实施。成功组织灾害天气国家重点实验室申报和气象科研管理工作。发表国内外学术论文150余篇，论著和译著7部。2010年获国务院政府特殊津贴。

杨宗严

师从冯士筰教授
1992 年获环境海洋学博士学位

AECOM 中东地区近海部经理。在英国南安普敦海洋研究中心 / 南安普敦大学 / 英国水研究中心 (WRc) 完成博士后研究工作，曾任青岛海洋大学讲师、副教授，荷兰国家海洋与海岸带管理研究所研究员，中国环境科学研究院客座教授，SNC-Lavalin 沙特分公司港口与海洋总工，URS/Scott Wilson 近海首席工程师，SNC-Lavalin 高级咨询顾问等。

主要从事近海海洋工程与环境保护工作，包括近海和外海工程设计与咨询、港口及航道规划设计、海岸防护、海洋环境工程设计及影响评价等。

师生

陈戈

师从冯士筰教授、贺明霞教授
1993 年获物理海洋学博士学位

中国海洋大学信息科学与工程学院院长、未来海洋学院院长，教授、博士生导师，国家杰出青年科学基金获得者，教育部"长江学者"特聘教授。1994 ~ 1996 年在法国海洋开发研究所（IFREMER）从事博士后研究。近十年来的主要学术兼职包括：国家"863计划""地球观测与导航领域专家组"成员、海洋技术领域"海洋环境监测技术主题专家组"成员，国务院学位委员会"海洋科学"学科评议组成员，"教育部科学技术委员会信息学部"委员，教育部高等学校"海洋科学类专业教学指导委员会"秘书长，上海交通大学兼职教授等。

从 20 世纪 80 年代后期开始从事卫星海洋遥感领域的科研和教学工作，近年来，将研究方向拓展到基于卫星遥感和浮标阵列的海洋大数据技术，在卫星海洋遥感的理论、方法与应用，特别是面向全球气候变化的卫星 /Argo 一体化三维海洋探测与大数据仿真解析技术等领域取得了一系列自主创新的前沿性成果。先后承担国家和省部级重点科研项目 30 余项，在遥感、海洋、大气和计算机四个领域的 20 多种国际主流刊物上以第一作者或通信作者发表期刊论文 150 多篇，出版专著 2 部，论著被 Nature Geoscience 等 32 种国际知名刊物及多部权威学术专著他引 1100 余次，50 多次参加重要国际学术会议，20 多次应邀担任联合主席、分会主席等职，20 多次应邀做特邀报告。获"教育部自然科学一等奖" 2 项、"山东省科学技术进步一等奖" 1 项、"青岛市科技进步一等奖" 1 项，并获得美国宇航局 (NASA) 等七大国际机构和学术组织联合颁发的"杰出贡献与卓越服务奖"。

江明顺

师从冯士筰教授、方欣华教授
1994 年获环境海洋学博士学位

　　美国佛罗里达大西洋大学副教授（研究型）。曾分别于北京大学和美国缅因大学从事博士后研究。曾经在中国科学院大气物理研究所、美国佐治亚大学、麻州大学波士顿分校工作。

　　过去 20 年来，主要应用物理－生物耦合模拟及现场观测方法，研究海洋生态系统演变及其对气候变化的响应。最近几年，主要研究中尺度及亚中尺度涡旋动力学、河口和近海富营养化和赤潮发生机理、近海和区域碳循环、海洋酸化对浅水及深海珊瑚的影响、海洋微量元素铁循环及其对海洋初级生产力的影响等。主持或以主要研究人员参与多项美国 NSF 和 NOAA 资助的科研项目，并发表相关的科研论文 30 余篇。

史峰岩

师从冯士筰教授、孙文心教授
1995 年获环境海洋学博士学位

美国特拉华大学工程学院土木工程及环境系副教授。

研究方向为近岸物理海洋过程,包括近岸波浪、环流、泥沙输运、声光学特征、湿地和海滩演变、海底滑坡、海啸等。主要从事数值方法的研究和海洋数值模型的开发,已开发的源代码有:近岸波浪环流耦合模型 NearCoM、波浪海岸结构相互作用模型 MONGOOSE、海洋非静力模型 NHWAVE 和布辛尼斯克波浪模型 FUNWAVE-TVD。

王凡

师从冯士筰教授、侍茂崇教授、吴德星教授
1995 年获得物理海洋学博士学位

中国科学院海洋研究所所长，研究员，博士生导师，中国科学院大学教授。国家"万人计划"、国家人才推进计划——中青年科技创新领军人才入选者，973 项目首席科学家。历任中国科学院海洋与波动重点实验室主任，中国科学院海洋研究所所长助理，中国科学院海洋研究所副所长、党委委员，中国科学院资源环境科学与技术局副局长，中国科学院条件保障与财务

局副局长，中国科学院海洋研究所党委书记、副所长，中国科学院海洋研究所所长。

主要学术兼职有：IPCC 第五次气候变化评估报告主要作者，北太平洋海洋科学组织（PICES）物理海洋与气候委员会委员、气候变化项目评估组成员，国际西北太平洋海洋环流与气候计划（NPOCE）科学指导委员会委员；中国海洋湖沼学会常务理事、海洋与气候分会理事长，中国海洋发展研究会常务理事，中国海洋湖沼学会计算物理海洋专业委员会、中国海洋学会海气相互作用专业委员会副主任委员，国际科技数据委员会（CODATA）中国全国委员会、中国海洋科学研究委员会（SCOR）、中国气候研究委员会（WCRP）委员；《海洋与湖沼》、《海洋科学》、《海洋科学集刊》编委。

主要从事海洋环流动力学研究，在热带西太平洋和中国近海环流及中尺度过程、暖池热盐结构等研究方面取得了一些重要成果。先后主持 973 项目、863 重大项目课题、国家自然科学基金重大项目课题、面上项目、国家专项课题、中科院创新重要方向项目等科研课题 20 余项。发表论文 140 余篇（含 SCI、EI 论文 60 余篇），出版专著 3 部。先后获全国优秀科技工作者、山东青年五四奖章、山东省优秀青年知识分子标兵、青岛市青年科技奖，享受国务院政府特殊津贴。

崔鹤

师从冯士筰教授、陆贤昆教授
1995 年获环境海洋学博士学位

在山东出入境检验局检验技术中心从事食品中农、兽药残留和食品添加剂的检测方法研究工作。中国海洋大学、青岛科技大学兼职硕士研究生导师。全国离子色谱专业委员会委员、山东省色谱学会理事、青岛市分析测试学会理事。

主持完成国家重大科学仪器设备开发专项"多功能离子色谱仪的开发与产业化"（项目编号：2012YQ090229）。承担科技部质检公益项目子课题、山东省科技发展计划、青岛市科技支撑计划等科研项目 20 余项。"水产品加工过程中多聚磷酸的控制方法研究"等课题获国家质检总局科技兴检奖 8 项、湖北省科学技术奖二等奖 1 项；主持和参加制定国家标准和行业标准 30 余项；在国内外学术期刊上发表论文 70 多篇，发明专利 4 项。

朱庆杰

师从冯士筰教授、朱而勤教授
1995 年获环境海洋学博士学位

常州大学教授，硕士生导师，石油工程学院石油工程专业负责人。曾任中国石油集团地球物理勘探局国际合作部高级工程师、副总工程师，河北理工大学河北省地震工程研究中心常务副主任等职。先后兼《世界地震工程》和《常州大学学报（自然科学版）》编委。

主要从事城市与工程防灾减灾、油气安全技术与储层评价、有限元多场耦合分析、GIS地统计分析与多准则综合评价方面的研究工作。曾主持国家自然科学基金面上项目、国家科技支撑计划项目子课题、科技部国际合作司中国波兰政府间科技合作计划等项目，以及省级自然科学基金、科技支撑计划、教育科学规划课题等研究课题。曾获河北省科技进步一等奖1项。

袁峻峰

师从冯士筰教授、李永琪教授
1995 年获环境海洋学博士学位

上海清韵生态景观设计有限公司，上海兆极环境科技有限公司，蓝罟（上海）信息科技有限公司董事长、总经理。曾任上海师范大学教授，上海市环境科学研究院生态所所长。曾兼任中国海洋湖沼学会理事、上海市技术预见专家。获得上海市科技启明星、上海市曙光学者等称号。曾担任上海市建委科技委员会委员、上海市科技馆科学顾问等多项职务。

主要从事环境领域、海洋领域的生态评估、生态规划、生态修复和生态工程。参与和主持多项国家研究和规划、咨询项目，获得上海市科学技术奖二等奖 3 项，上海市科学技术进步奖三等奖 1 项，全国优秀工程咨询成果二等奖 1 项。1999 年获上海市科委特殊津贴。

王凯

师从冯士筰教授
1996 年获环境海洋学博士学位

中国科学院海洋研究所研究员，博士生导师。曾赴美国伍兹霍尔海洋研究所高访一年，赴日本九州大学、鹿儿岛大学、长崎大学、爱媛大学访问交流，赴韩国忠南大学进行合作研究。

主要从事物理海洋学和环境海洋学研究，曾在中科院海洋所海洋科学博士后流动站从事物理海洋学研究。研究涉及近海潮汐与潮流、近海环流与物质输运等问题，特别对东亚边缘海（包括渤海、黄海、东海、南海及日本海）的环流问题有深入研究，完成多项数值研究工作。与国内外多家海洋研究机构就有关海洋环流、卫星遥感、海洋能量、线性不稳定性理论等问题开展合作研究。曾主持完成国家自然科学基金面上项目、国家安全重大基础研究项目、中国科学院知识创

新工程重要方向项目等十余项。作为主要学术骨干参加国家重点基础研究发展规划项目、国家自然科学基金重点项目、国家自然科学基金面上项目等多项。获国防科学技术进步奖一等奖（2007 年）、山东省科学技术进步奖三等奖（2000 年）各一项。

汝少国

师从冯士筰教授、李永祺教授
1996 年获环境海洋学博士学位

中国海洋大学教授，博士生导师，日本筑波大学博士后。现任中国海洋大学海洋生命学院环境生态系主任，山东省生态学会、青岛市生态学会常务理事，生态毒理学报编委。

主要从事环境内分泌干扰物的生物标志物、生物筛选方法、内分泌扰乱作用机制、持久性有机污染物的生态风险评价，以及海洋生态恢复生态工程等方面的研究。

主持国家自然科学基金项目 4 项，山东省自然科学基金重点项目、面上项目、优秀中青年科学家科研奖励基金项目各 1 项，参加国家 863 计划、973 计划、国家海洋局海洋公益等国家级项目 10 余项。曾获教育部科技进步奖三等奖 1 项，青岛市首届青年科技奖 1 项。已发表论文 150 多篇，其中 SCI、EI 论文 40 余篇；发表发明专利 6 项、技术标准 1 项；已培养博士后 6 名，博士生 25 名，硕士生 87 名。

李瑞杰

师从冯士筰教授、魏守林教授
1996 年获环境海洋学博士学位

　　河海大学教授,博士生导师。曾任海岸灾害及防护教育部重点实验室副主任、河海大学教育部环境海洋实验室主任、河海大学物理海洋学学科带头人、河海大学物理海洋研究所所长、国家级海域使用论证专家、江苏省海洋湖沼学会常务理事、河海大学学报（自然科学版）编委等职务。

　　主要从事环境海洋动力学、物理海洋学、港口海岸及近海工程等研究,先后主持国家自然科学基金项目、教育部重点项目、国家海洋公益项目等研究项目 40 余项。研究内容涉及河口海岸水文动力、中国近海近岸环流、物质输运及生态过程的数值模拟及其相关理论等。在非线性波浪理论、污染物输运过程、河口海岸动力及泥沙运动理论研究等方面取得重要的成果。

前排左二为
李瑞杰

孙效功

师从冯士筰教授、杨作升教授
1996 年获环境海洋学博士学位

中国气象科学研究院研究员、中国海洋大学兼职教授、博士生导师。

主要从事河口海岸沉积动力学研究，主持承担纵、横向项目多项。在黄河三角洲的冲淤规律、演变趋势预测、可视化分析、沉积动力过程的数值模拟等方面开展了系列研究。近年来，由于工作单位的改变和研究工作的需要，正逐步拓展研究领域，开始探索并涉猎气象方面的研究，目前正致力于气象数据误差分析与应用研究。

郭新宇

师从冯士筰教授、柳哲雄教授

1993 年赴日本留学，1997 年获物理海洋学博士学位（日本爱媛大学）

日本爱媛大学教授，中国海洋大学绿卡教授，博士生导师。曾任 Journal of Oceanography 编辑(2006～2014年)，以及多个海洋领域主流学术期刊审稿人。

主要从事海洋环流动力学、近海生态动力学、水产资源幼体和污染物的输运模拟研究。在东海黑潮跨陆架入侵、黑潮主轴方向营养盐输送、黑潮内侧海区基础生产中的外洋起源营养盐的贡献评价、潮流对河口循环流及河流羽流的作用、持久有机污染物在中国近海的输送模拟、基于水产资源评价的海洋保护区的设计等方面取得了系列研究成果，发表论文 100 余篇，主持日本学术振兴会项目、日本环境省环境研究综合推进项目、日本农业水产省水产研究中心研究项目、中国国家自然科学基金项目等 10 余项。

邱汉学

师从冯士筰教授、王秉忱教授、杨作升教授
1997 年获环境海洋学博士学位

美国华盛顿州环保局（Washington Department of Ecology）水质部（Water Quality Program）西南区主任水文地质学家（section hydrogeologist）。曾任青岛海洋大学地球科学学院副院长、环境工程系系主任、中国海洋大学教授等职。先后为 JAWRA, J. Hydrol. Eng., ASAE 等杂志评委。

主要从事地下水环境污染控制、水土环境污染治理、地下水环境污染物反应运移过程及数值模拟研究。为美国华盛顿州注册地质学家、注册水文地质学家。先后从事核废料场地关闭、有害废物污染场地水土恢复治理、工业及市政污水排放清洁水法达标管理等领域的环境技术管理工作。主持中国国家自然科学基金项目、国家 75 攻关水资源课题、美国地调局污染物反应运移项目，参加美国农业部、能源部水土环境保护课题等研究项目 20 余项。

党志超

师从冯士筰教授、李永祺教授
1997 年获环境海洋学博士学位

荷兰卫生部国立公共卫生与环境研究院（RIVM）
高级风险评估师、教授、欧盟注册毒理学家、欧盟项
目主管。分别于 1997 年和 2000 年获得中国海洋大
学环境海洋学和荷兰 Radboud 大学生理学两个博士
学位。

曾在荷兰莱顿大学医学中心，以及阿姆斯特丹
大学医学中心的内分泌和代谢疾病科从事临床研究工
作，曾在中国海洋大学生命学院任教。

主要工作领域为化学品（工业化学品、药物、农
药等）的风险评估和管理，是 RIVM 内分泌干扰物专
家组组长，欧盟内分泌干扰物专家组（ED EAG）成员，
经合组织（OECD）内分泌干扰物专家组指导委员会

成员（steering committee, EDTA AG），经合组织非动物测试专家组（OECD VMG NA）成员，
经合组织非动物测试专家组核受体种间异同专家组组长，经合组织生态毒理专家组成员
（OECD VMG Eco），联合国粮农组织（FAO）特聘专家。成果为荷兰政府、欧盟、经合
组织和世界卫生组织（WHO）所采用，作为制定和推行相关政策的科学依据。曾多次组
织协调经合组织（OECD）与中国环境、质检、食品及药品权威部门的合作交流，多次
组织协调 RIVM 与中国有关机构和部门的合作交流，促成多项中荷国家间风险评估项目，
促成《化学品风险评估》一书以及《经济合作与发展组织指南文件》的中文翻译出版。
所从事的植物雌激素和代谢疾病的研究成果发表于国际顶级学术刊物，并拥有欧洲专利
两项。

翟雪梅

师从冯士筰教授、张志南教授
1997 年获环境海洋学博士学位

美国哈佛大学在读博士研究生。

研究方向为生物海洋学，研究近岸地形、潮汐、波浪、环流等物理过程对海洋生态系统的影响和机制，以及全球气候变化对近岸海洋生态系统的影响，并参加了麻省理工学院海洋工程系的数学模型 MSEAS 的开发与应用。

江文胜

师从冯士筰教授、孙文心教授
1997 年获环境海洋学博士学位

中国海洋大学教授、博士生导师。毕业后留校，先后在海洋环境学院、环境科学与工程学院任教，现为环境科学与工程学院院长。

主要从事浅海动力学研究，关注的问题是近海环流及物质输运，悬浮物输运及风暴潮数值预报及长期演变。近年来从解析解、数值解、实验室模拟和现场观测等方面开展工作，推进了拉格朗日余流理论及其应用。主持和参与国家重点基础研究发展规划项目、国家科技支撑、国家自然科学基金、国家重点研发专项等国家级项目 20 项。在这些项目支持下，在国内外期刊发表文章70 余篇。

陈春华

师从冯士筰教授、孙秉一教授、侍茂崇教授、张曼平教授
1998 年获环境海洋学博士学位

海南省海洋与渔业科学院研究员、所长，注册咨询工程师（投资），担任国家海洋局海域使用论证、海洋工程环境影响评价、海岛使用论证专家库专家，三亚市蓝丝带海洋保护协会特邀专家。曾任海南省海洋开支规划设计研究院总工程师。曾担任 UNDP/GEF/SOA 中国南部沿海生物多样性管理项目（SCCBD）地方专家，海南省环境保护协会理事。

主要从事海洋开发研究、珊瑚礁生态调查研究、海洋环境调查研究、项目的可行性报告编制、海域使用论证、海洋环境影响评价、海岛保护利用规划编制、海岛使用论证报告编制、海岛开发具体方案编制和工程咨询等工作，完成国家自然科学基金、国家908、海南省县际海域勘界和海南省海岛地名普查等国家和省级项目10余项，在学术刊物上发表论文20余篇，曾去美国（康尼狄克大学和佐治亚大学）、欧洲、澳大利亚、新西兰、泰国和越南等国交流学习。负责并完成海洋技术服务课题100余项。

李巍然

师从冯士筰教授、杨作升教授
1998 年获环境海洋学博士学位

中国海洋大学教授，博士生导师。2009 年至今任中国海洋大学副校长，主管本科人才培养工作。曾任中国海洋大学河口海岸带研究所副所长、海洋地质系系主任、教务处处长、校长助理等职务。

主要从事海洋沉积学、沉积物地球化学、海底岩石学等领域的研究工作和地质学专业的教学工作。获得教育部科技进步奖二等奖 1 项、国家教学成果奖二等奖 2 项。

魏皓

师从冯士筰教授

1999 年获环境科学博士学位

天津大学教授，博士生导师，入选首批教育部新世纪人才，天津市特聘教授。曾任中国海洋大学海洋环境学院院长，天津科技大学海洋科学与工程学院院长，中国海洋湖沼学会计算海洋物理专业委员会主任。现任教育部高等学校海洋科学与技术类专业教学指导委员会委员、中国海洋学会理事。

主要从事海洋环流动力学和生态系统动力学研究，致力于海洋生态健康保护与资源可持续利用。主持和参与国家重点基础研究发展规划项目、国家科技支撑、国家自然科学重大 / 重点基金、重点国际合作、国家实验室专项、国家重点研发专项等国家级项目 30 项。组织建立了一系列生物 – 物理耦合的生态动力学模型，开展了基于观测的物理 – 生态过程研究，研发了渤黄东海及海湾的生态系统模型、微食物环模型、养殖生态模型、碳循环模型，中华哲水蚤、鳀鱼及水母的种群动力学模型，拓展了浅海小尺度湍流动力学从观测到理论研究，并与界面物质交换紧密结合。

刘光兴

师从冯士筰教授、张志南教授
2001 年获环境科学博士学位

中国海洋大学教授，博士生导师。现兼任教育部自
然保护与环境生态类专业教学指导委员会委员，中国环
境科学学会海洋环境保护专业委员会副主任委员，海洋
生物普查计划中国学术委员会（CHINA-CoML）委员，
中国生态学会海洋生态学专业委员会常务委员，中国
海洋湖沼学会 / 动物学会甲壳动物学分会理事等学术职

务。曾任中国海洋大学 "211 工程" / "985 工程" 办公室主任、科学技术处副处长、海
洋监测与检测中心副主任，以及环境科学与工程学院副院长、海洋环境与生态教育部重
点实验室常务副主任等职。曾于 1996 年在英国普利茅斯海洋研究所（Plymouth Marine
Laboratory）及哈代海洋科学基金会（Sir Alister Hardy Foundation for Ocean Science,
SAHFOS）访问与开展合作研究，1998 ～ 1999 年在美国康涅狄格大学（University of
Connecticut）分子与细胞生物学系开展访问研究，2010 年在美国康涅狄格大学海洋学系
开展访问研究。

长期从事海洋生物学、生物海洋学、环境科学等领域的教学和研究，研究方向为海
洋浮游生物学与生态学及浮游生物生态毒理学。近些年来主持国家自然科学基金项目、
国家 973 计划课题、863 计划课题、国家重点研发计划项目课题等 10 余项，参与完成国
家级项目多项。在海洋桡足类生物学与实验生态学、浮游生物多样性、浮游动物分子生
态学与毒理学等方面取得了创新性成果，发表论文 70 余篇；获授权国家发明专利 2 项。

杨少丽

师从冯士筰教授、杨作升教授
1999 年获环境科学博士学位

挪威岩土工程研究院海上岩土工程部高级工程师。目前定居在挪威，曾在荷兰和澳大利亚工作和访问过。

主要从事和海洋油气开发及海上风能开发有关的岩土工程研究。作为项目负责人，做过大量的国际工业界项目，并发表学术论文 40 余篇。

罗义勇

师从冯士筰教授、吴德星教授、孙文心教授
1999 年获环境科学博士学位

中国海洋大学教授，博士生导师。1999～2002 年于美国罗德岛大学海洋研究生院做博士后，2003～2012 年先后担任美国罗德岛大学海洋研究生院助理研究员和副研究员。2012 年入选山东省引进海外高层次人才，被聘为"泰山学者"海外特聘专家、中国海洋大学"筑峰人才工程"第二层次特聘教授。

主要从事海洋环流及气候变化研究。

吕建

师从冯士筰教授、吴德星教授
1999 年获物理海洋学博士学位

美国能源部西北太平洋国家实验室资深科学家（2013 年至今）。1999～2004 年年初留学加拿大 Dalhousie 大学并获大气科学博士学位。2004～2008 年年底分别在美国普林斯顿地球流体动力学实验室（GFDL）和美国大气科学国家中心（NCAR）从事博士后研究。2008～2013 年，担任乔治梅森大学（George Mason University）的终身助教授（tenure track）。自 2013 年至今，任气候动力学（climate dynamics）执行编委。

主要研究方向包括：大气波流相互作用、大气非线性波及其对气候极端事件的作用、大气环流对气候变化的响应和机制、季风动力学、大气水循环及降水机制，以及海洋环流在气候变化中的响应和动力反馈机制。

主要学术贡献包括：首先发现并阐释 Hadley 环流在气候变暖背景下的扩宽和减弱；用不可逆位涡混合解释了急流偏移；探讨了大气中纬度急流位置与模式分辨率的关系及其动力机制；解释了在温室气体作用下赤道太平洋变暖的机制。

任玲

师从冯士筰教授、张曼平教授、陆贤昆教授、U. Brockmann 教授
2000 年获环境科学博士学位

乔治梅森大学（George Mason University）环境科学和政策系（Department of Environmental Science and Policy）科研人员（2016 年至今）。2002 年，在德国汉堡大学获得生物地球化学专业博士学位，于 2003 年到美国路易斯安那海洋研究中心（Louisiana Marine Consortium, LUMCON）做博士后，2006 年之后任职于费城自然科学院（The Academy of Natural Sciences of Drexel University）。

主要研究领域和兴趣包括：沿岸海洋生态和富营养化；沿岸营养盐循环和生态模型研究；利用小型和中型围隔实验系统，研究沿岸营养盐输入对浮游植物的生长和种类组成的影响；研究了水质指标和浮游植物生物完整性指数（P-IBI），以及淡水藻类尤其是硅藻的识别和分类。

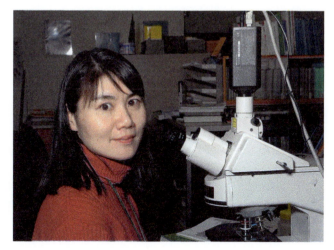

孙洪

师从冯士筰教授、李永琪教授
2000 年获环境科学博士学位

中国 21 世纪议程管理中心研究员，曾任科技部社会发展科技司副司长、中国科学技术交流中心主任职务。

主要从事科技发展战略研究和管理工作，先后参与了国家中长期科技发展规划纲要，"九五"、"十五"、"十一五"、"十二五"、"十三五"科技发展规划纲要，海洋、资源环境、节能减排、全球气候变化，以及减灾防灾、健康、国际科技合作等规划研究制定和项目管理等工作。

王斌

师从冯士筰教授、鹿守本教授、李永琪教授
2002 年获环境科学博士学位

国家海洋局海洋减灾中心主任、党委书记，中国海洋发展研究会副理事长。曾任国家海洋局办公室副主任、北海分局副局长、海洋环境保护司副司长等职务。

多年来从事海洋环境保护、海洋综合管理和海洋减灾工作，主持制定多项海洋环境保护领域的政策、规划和规章，组织实施多个海洋生态环境保护领域重大项目，组织处理多次重大海洋环境突发事件，组织协调海洋部门多项重大会议、活动等，发表学术论文 20 余篇。

赵亮

师从冯士筰教授、孙文心教授、魏皓教授
2002年获环境科学博士学位

天津科技大学海河学者特
聘教授，教育部"新世纪优秀
人才支持计划"、天津市科委
"131"创新型人才培养工程
和天津市高校"中青年骨干创
新人才培养计划"入选者。

从事浅海动力学和生态系
统动力学研究，主要研究方向
为低营养层生态系统季节和年
际变化特征及其控制机制、海
洋灾害性生态过程机理、底边
界层动力和悬浮物动力过程原

位观测、海洋动力和生态模型研究，有丰富的海上综合观测经验和很强的数值模式开发
应用能力，强调以动力学模型实现生物、化学过程和各种生源要素收支的动态量化，研
究生态系统变化的控制机制，特别关注物理过程对生态系统的调控和支持作用的研究。
主持和作为骨干参加国家自然科学基金4项、973课题3项、中国科学院战略性先导科
技专项1项，海洋公益性项目2项，发表论文60余篇。

游建胜

师从冯士筰教授、鹿守本教授、李永琪教授
2002 年获环境科学博士学位

福建省科学技术厅副厅长、党组成员，福州大学兼职教授。曾任福建省海洋局副局长，福建省大比例尺海洋功能区划协调领导小组成员、办公室副主任和技术指导组组长；福建省科学技术厅国际合作处处长（台湾事务办公室主任）、社会发展科技处处长、基础研究处处长、办公室主任；福建省科学技术协会党组成员、副主席。

主要从事科技管理、海洋管理等工作。先后负责和参与多项福建省人民政府和国家海洋局批准的重大项目、国家科技部项目及省级科研项目等。其中福建省大比例尺海洋功能区划研究成果经全国同行专家评审认为具有国内领先水平，并于 2001 年 12 月得到国家海洋局和福建省人民政府的审批同意作为福建省海域使用管理的基础依据。在国家《海洋功能区划技术导则》基础上研究拟定的"福建省大比例尺海洋功能区划技术实施方案"连续多年被有关部门作为福建省深化海洋功能区划工作的科学基础。在负责福建省海洋局期间，首次对福建省用海申请者发放了海域使用许可证。发表学术论文 60 多篇，出版专著《海洋功能区划论》、《英国科技政策与科学园》。主编《福建省对外科技合作问题研究》、《福建省科技兴贸环境体系建设研究》，执行主编或副主编《福建省大比例尺海洋功能区划研究》、《可持续发展的理论与实践》、《科技兴贸发展研究》等。获福建省科技进步二等奖和福建省科技进步三等奖各一项。

孙书贤

师从冯士筰教授、鹿守本教授、李永琪教授
2002 年获环境科学博士学位

国家海洋局党组成员、副局长。曾任国家海洋局科学技术司处长，国家海洋局海域管理司副司长、司长，国家海洋局第一海洋研究所所长，中国海监总队党委书记兼常务副总队长，国家海洋局总工程师，中国海警局副局长等职务。

长期从事海洋科研、海洋管理、海洋执法工作，先后获广西壮族自治区有突出贡献科技副职、青岛市劳动模范、全国边海防工作先进个人称号，先后发表论文、著作 60 篇。

赵领娣

师从冯士筰教授、汪景庸教授
2003年获环境科学博士学位

中国海洋大学教授，博士生导师，经济学院劳动经济学学科带头人，青岛市拔尖人才，第十届、十一届青岛市政协委员。任中国优选法统筹法与经济数学研究会能源经济与管理研究分会常务理事，中国"双法"研究会低碳发展管理专业委员会理事，多个学术期刊审稿专家。

主要从事劳动就业与经济增长、人力资本与可持续发

展、薪酬设计与激励机制、风险管理与保险研究。主持国家自然科学基金面上项目2项、国家教育部留学回国人员科研启动基金1项、山东省社科规划项目2项、山东省软科学项目3项、山东省教育厅项目4项、青岛市软科学项目2项、青岛市社科项目4项、青岛市"双百调研"工程重点项目2项，参与国家海洋局海洋公益项目2项。在《中国软科学》、《中国人口、资源与环境》、《资源科学》、《经济学动态》、《当代经济科学》、《宏观经济管理》、《经济体制改革》、《海洋环境科学》、《自然灾害学报》等CSSCI来源期刊以及中文核心期刊，发表科研论文30余篇，出版学术专著3部。获山东省社会科学优秀成果三等奖2项，山东省软科学优秀成果一等奖3项，山东省高等学校优秀成果二等奖2项、三等奖4项，青岛市社会科学优秀成果一等奖1项、二等奖1项、三等奖7项。

闫菊

师从冯士筰教授、王辉教授
2003 年获环境科学博士学位

中国海洋大学副校长。1998 年毕业于山东海洋学院物理系，1999 年于青岛海洋大学获环境科学硕士学位，2003 年于中国海洋大学获环境科学博士学位。兼任中国海洋工程咨询协会海洋教育培训分会会长、山东省科协第八届委员会常务委员、青岛市科协第八届委员会副主席。长期从事科研管理工作，历任中国海洋大学科技处副处长、处长等职务，任"东方红 3 号"科考船建设总指挥。

鲍献文

师从冯士筰教授、孙文心教授
2003 年获物理海洋学博士学位

中国海洋大学教授，博士生导师。现任中国海洋大学海洋与大气学院副院长、全国专业标准化技术委员会海洋调查分委员会委员、中国海洋咨询协会海洋调查技术专业委员会委员、国家认监委海洋评审组国家级评审员、山东省海洋经济学会副理事长、中国海洋工程咨询协会副秘书长。

主要从事海洋调查观测和数值模拟方面的研究工作，曾主持国家自然科学重点基金项目 1 项，面上基金 3 项，教育部重点科技项目 1 项、国家 863 主题项目 2 项，科技部基础性调查专项 1 项，国家海洋能专项 2 项。主持完成了全国 30 余个重要海湾的环境调查和水动力与污染物输运研究。在国内外核心刊物共发表论文 160 余篇，SCI 论文 50 余篇，出版专著 4 部。研究成果曾荣获国家科技进步二等奖 1 项，中国海洋工程科学技术一等奖 1 项、教育部科技进步一等奖和二等奖各 1 项、国家海洋局科技创新二等奖 1 项、福建省科技进步奖 1 项、山东省教委科技进步奖 1 项、青岛市自然科学一等奖 1 项。2003 年荣获第四届青岛市青年科技奖，2005 年入选国家教育部"新世纪优秀人才支持计划"，2008 年记二等功一次，2009 年获山东省劳模（"兴鲁富民"劳动奖章），2012 年获中国海洋工程咨询协会首届"十佳标兵"称号。

张龙军

师从冯士筰教授、陆贤昆教授、张经教授
2003 年获环境科学博士学位

中国海洋大学教授、博士生导师。1994 年至今在中国海洋大学任教，曾于 1997 年 7 月至 1998 年 4 月在英国 East Anglia 大学环境科学系、2005 年 1 月至 2005 年 5 月在美国 Georgia 大学海洋科学系高访、合作研究。

近年来从事水环境化学、河流及近海环境科学研究。发表论文 100 余篇。以第一作者或通信作者先后在 Chemical Geology、Limnology & Oceanography、Journal of Geophysical Research、Biogeosciences、Journal of Marine Systems、Marine Pollution Bulletin、Continental Shelf Research 等国际期刊发表文章。

王菊英

师从冯士筰教授、张曼平教授、刘素美教授、马德毅教授
2004 年获环境科学博士学位

国家海洋环境监测中心研究员，国家海洋环境监测中心副主任，历任国家海洋环境监测中心海洋化学室主任、国家海洋局近岸海域生态环境重点实验室主任、大气科学类专业教学指导委员会委员、联合国全球海洋评估项目（GRAME）专家组专家。

主要从事海洋环境质量基准和海洋环境监测评价方法学研究。主持 863 项目 2 项、海洋公益专项 1 项、国家专项和海洋局专项 20 余项。多年来，开展了基于平衡分配理论的海洋沉积物质量基准研究和基于物种敏感性分布模型的海水水质基准研究；开拓建立了海水浴场、滨海旅游度假区、海洋垃圾、海－气二氧化碳交换通量等监测业务工作，探索构建了海洋环境质量现状及趋势、功能区环境质量综合评价方法；作为联合国任命的专家系统参与了全球海洋评估工作，从技术层面为国家的海洋环境外交提供支撑。共计发表科研论文 90 余篇，编写国家标准和行业标准 6 项，出版专著 3 部。获海洋工程科学技术奖一等奖 1 项，海洋创新成果奖二等奖 5 项，中国标准创新贡献奖三等奖 2 项，第七届全国优秀科技工作者。

孙军

师从冯士筰教授、高会旺教授、钱树本教授
2004 年获环境科学博士学位

天津科技大学教授，博士
生导师，长江学者特聘教授，
海洋与环境学院院长。目前
为中国海洋学旗舰期刊 Acta
Oceanologica Sinica/《海洋学
报》主编助理（负责海洋生物
/生物海洋学方向）、Journal
of Coastal Life Medicine 主编、
《海洋通报》、《生态学报》、
《生物多样性》、Frontiers in
Marine Science、Advances in
Climate Change Research 编委。

从事生物海洋学研究，主要包括浮游植物分类学和生态学及碳循环等相关研究。主
持国家自然科学基金项目和国家 863 计划等国家级项目 20 余项。在海洋浮游植物生物
体积和碳计量、中国近海浮游植物定量化、浮游植物功能群及其在碳循环中作用、海洋
生物碳汇等方面取得重要创新成果。发表论文 230 余篇，其中 SCI 论文 80 多篇，被 ESI
收录论文 2 篇，论文引文 1200 余次。

刘哲

师从冯士筰教授、魏皓教授、鹿守本教授
2004 年获环境科学博士学位

　　国家自然科学基金委员会教授,地球科学部综合与战略规划处副处长。参与地球科学领域的创新研究群体、国际(地区)合作与交流项目、海外及港澳学者合作研究项目、重大项目、国家重大科研仪器研制项目、联合基金的综合管理工作,协助组织资助战略研讨和各类项目评审会。曾任贝尔蒙特论坛多边联合资助计划的中方联系人和项目官员,参与英文项目指南的撰写工作,沟通国际项目主题办公室,协调国际评审的函评和会评专家的遴选工作等。曾任中国海洋大学教授,担任《环境海洋学》国家精品课的主讲教师;曾参与多项教改项目,为探索建设具有海洋特色的环境科学本科教学体系作出贡献。

　　科研工作聚焦于海湾、河口水动力过程的环境效应,代表性研究成果主要体现在:① 提出"拉格朗日余输运速度"的概念,发现其能更好地解释浅水海湾的物质输运的趋势;② 揭示了小尺度半封闭海湾潮流对填海造地的响应机理,很好地解释了已有观测和三维模式的数值计算结果;③ 将海洋数值模型与海洋化学观测方法相结合,使海湾水交换过程的模拟结果能被观测数据直接验证;④ 成功"捕捉"到冲淡水对径流突变响应过程,观测结果质疑了描述冲淡水扩展范围的经典理论;⑤ 揭示潮过程是导致黄河水龄显著高于与其他大河水水龄的原因,基于此提出了"多源水龄"的研究思路。此外,受国家海洋局委托,研发了近海水质预报系统和非静力海洋模式,并被业务化部门采用。

孟伟

师从冯士筰教授
2005 年获环境科学博士学位

中国环境科学研究院研究员、中国工程院院士、中国工程院主席团成员、国家重大科技专项"水体污染控制与治理"技术总师。山东海洋学院 77 级学生，1982 年 2 月毕业进入中国环境科学研究院工作。1997 年师从冯士筰教授，先后获得环境科学硕士、博士学位。历任中国环境科学研究院院长，第十一届全国人大环境与资源保护委员会委员、第十二届全国人大环境与资源保护委员会副主任委员、中国环境科学学会副理事长。清华大学、北京师范大学、中国海洋大学兼职教授、博士生导师。

主要从事流域水污染控制与水环境保护技术研究，主持完成流域水污染物总量控制技术、重点流域生态环境质量评估技术等国家重点科技项目，推动流域水环境容量总量控制技术发展，由单纯的水质保护向水质与水生态保护相结合转变。提出了流域水质目标管理技术体系，按"分区、分类、分级、分期"的原则，以流域水生态功能保护为核心、实施控制单元容量总量控制的流域水污染控制策略。2013 年 5 月 24 日为中央政治局第六次集体学习报告了"大力推进生态文明建设"。任"国家中长期科技发展规划战略研究 2006～2020 年"生态环境与循环经济第十专题组副组长。"十二五"以来，主持完成中国工程院重点、重大咨询项目"辽河流域生态文明建设战略研究"、"三江源区生态资产核算与生态文明制度设计"、"生态文明建设若干战略问题研究"。

出版《流域水质目标管理理论与方法学导论》、《流域水污染物总量控制技术与示范》、《海岸带污水排放工程环境设计导则》和《海岸带生境退化诊断技术》等专著，发表论文 150 余篇。先后获国家科技进步二等奖 2 项，部级一等奖 3 项，省部级二等奖 6 项。

鞠莲

师从冯士筰教授、江文胜教授
2007 年获环境科学博士学位

国家海洋局北海环境监测中心高级工程师、海洋调查室副主任。

主要从事海洋环境监测与评价、近海环流、海洋生态效应模拟与修复等工作。

主持国家海洋局青年基金、山东省海洋生态环境与防灾减灾实验室及国家海洋局海洋溢油鉴别与损害评估技术重点实验室基金等项目。参与多项国家省部级重大科研项目、海洋公益性项目、国家自然基金项目、科技部重点专项、国际合作项目。在北海区海洋环境监测方案优化方法研究、海洋溢油的环境行为及环境影响等方面取得重要成果。

发表文章 10 余篇，SCI 收录论文 3 篇，参与出版专著 2 部，负责和参与编制推荐性行业标准 3 项。针对海洋溢油问题，参与建设了具备模拟海水、海底及岸滩等环境条件、仿真海洋动力和海洋生态环境特征的海洋溢油生态效应模拟实验室。

樊星

师从冯士筰教授、魏皓教授
2008 年获环境科学博士学位

中国科学院遥感与数字地球研究所数字地球重点实验室助
理研究员。

主要从事海洋遥感、海洋动力学研究。参与国家重点基础
研究发展规划项目、国家 863 计划海洋领域课题、国家自然科
学基金项目等国家级项目 10 余项。已在国内外学术期刊发表论
文 10 余篇。

原野

师从冯士筰教授、魏皓教授
2009 年获物理海洋学博士学位

国家海洋环境预报中心（国家海洋局海啸预警中心）副研究员，海啸预警室主任。

曾系统开展悬浮颗粒物和底边界动力学观测研究，2010年以来主要从事海啸和风暴潮预报技术研究和业务管理工作。主持科技部重点专项课题、海洋公益性行业专项、国家自然科学青年基金、国家海洋局青年重点基金等国家和省部级课题十余项。组织搭建了全球及区域海啸地震自动监测分析系统，发展了基于 OpenMP 和 GPU 海啸数值预报并行计算模型，构建了囊括 7 万个海啸传播情景的定量海啸预警数据库，发展了基于概率性方法的海啸灾害风险评估区划技术体系，综合上述成果研制了我国新一代地震海啸人机交互系统。担任太平洋海啸预警减灾系统政府间协调组南中国海区域海啸预警中心建设工作组主席，联合南中国海周边国家提高区域海啸减灾能力。曾获山东省和中国海洋大学优秀博士学位论文、优秀博士毕业生，攻读博士期间曾在加拿大里姆斯基海洋研究所交流半年。参与完成的"中国近海地震海啸监测和自动化预警系统"获 2014 年度中国海洋十大科技进展。发表各类文章 20 余篇，SCI 论文 11 篇。

李京梅

师从冯士筰教授

2010 年获环境科学博士学位

中国海洋大学经济学院教授，博士生导师，山东省重点学科区域经济学学科带头人。任中国海洋学会女科学家工作委员会委员，教育部社科规划项目评审专家，曾任 UNDP/GEF 黄海大生态项目（YSLME）投资组环境经济顾问，UNDP/GEF 中国南部沿海生物多样性管理项目（SCCBD）国家项目办环境经济顾问。

主要从事海洋资源价值评估、海洋生态补偿、海洋资源承载力与海洋产业布局、环境与贸易等方面的研究。先后主持及参与完成国家社会科学基金项目、教育部人文社会科学研究重大项目、国家海洋 908 专项子课题、国家海洋公益项目子课题，以及省部级课题和各地区的委托项目、国际合作项目 20 余项。在《资源科学》、《中国人口资源与环境》等核心期刊发表学术论文 40 余篇。研究领域紧紧围绕国家海洋经济增长的重大理论问题和现实难点问题，在海洋资源的价值决定理论、海洋生态损害评估方法、生态损害补偿制度、基于生态系统的海洋产业区域空间格局等开展深入研究，形成了有创新性、影响力和实际应用价值的科研成果。与国家海洋局海洋一所合作完成的《海洋生态资本评估理论：方法与应用研究》荣获国家海洋局海洋科学技术奖二等奖。

谷佃军

师从冯士筰教授、高强教授
2010 年获环境科学博士学位

中融金控集团董事总经理、中国注册金融分析师。先后在企业、政府工作。在国有企业当过工人，在三资企业从事过管理；在青岛市经济委等专业职能部门参与经济体制改革和管理，在青岛市办公厅等综合性部门从事过调查研究、办文办会、督察协调等工作；承担过青岛啤酒节、电博会、金融论坛等重大活动的组织协调，推进过小额贷款公司和融资性担保公司的监管等工作；主持过青岛金融业发展规划的编纂，参与过青岛银行的融资业务拓展。在崂山区政府工作期间，有力地推进了金家岭财富管理试验区的管理和招商工作；在世园集团工作期间，全面参与了世园会的规划、设计、建设、管理工作，并为后期的转型运营作出了突出贡献。

获 2009 年度全市服务业发展工作先进个人等荣誉称号。曾被中小企业发展服务中心聘为中小企业服务热线顾问，被国家开发银行聘为专家，被中国花卉协会授予突出贡献奖，并被青岛市市政府评为先进工作者。

曾静

师从冯士筰教授、高会旺教授
2013年获环境科学博士学位

中国海洋大学副研究员，先后在在海洋大学科技处，国有资产管理处，"985"、"211"办公室、文科处和海洋生命学院工作。

刘光亮

师从冯士筰教授、刘哲教授
2013 年获环境科学博士学位

　　国家超级计算济南中心青岛海洋科学与技术国家实验室海洋智能计算与大数据联合
实验室工作。曾在新加坡国立大学从事博士后研究。

　　以胶州湾潮际盐度输运为例，使用一般非线性拉格朗日长期输运理论，研究了一
般非线性潮占优浅海的长期输运过程，并诊断物质潮际输运的通道、壁障和强混合对物
质输运的影响。作为骨干参与海洋公益性行业科研专项项目两项，新加坡教育部学术基
金和淡马锡国防科技中心联合资助项目一项。荣获 2012 年度博士研究生国家奖学金，
2013 届"优秀毕业研究生"称号。

王涛

师从冯士筰教授、江文胜教授、W. R. Geyer 教授（美国）

2016 年获物理海洋学博士学位

河海大学讲师，曾在国家留学基金委资助下，赴美国伍兹霍尔海洋研究所进行联合培养，跟随 Rockwell Geyer 进行河口动力学的学习与研究。

主要从事近海与河口动力学，以及海洋动力过程实验室模拟等研究工作。在冯士筰院士、江文胜教授，以及 Rockwell Geyer 研究员的共同指导下，完成博士毕业论文

"基于盐度坐标的河口环流与湍混合"。攻读博士期间，发表 SCI 论文 5 篇，其中第一作者 SCI 二区论文 2 篇，三区论文 1 篇。获教育部博士研究生学术新人奖、博士研究生国家奖学金，以及山东省优秀博士毕业生等。

硕士研究生

孙英兰

师从冯士筰教授
1982 年获物理海洋学硕士学位

1966 年毕业于山东海洋学院（现
中国海洋大学）海洋系，1979～
1982 年师从冯士筰教授攻读学位，
后留校任教，历任中国海洋大学环
境科学与工程学院教授、博士生导
师，中国海洋大学环境海洋研究所
所长、环境科学与工程研究院副院
长、环境保护研究中心主任、中国
海洋环境科学学会常务理事、中国
航海学会船舶防污染专业学会名誉主席等职。

长期以来从事海洋环境保护、近岸海域环境规划与管理、海洋环境影响预测、海洋
环境动力学数值模拟及其应用等方面的研究工作。

柴扉

师从冯士筰教授、汪景庸教授
1987 年获物理海洋学硕士学位

卫星海洋环境动力学国家重点实验室主任、研究员，美国缅因大学海洋学院教授，曾任海洋学院院长。自 1987 年留学美国，1991 年获普林斯顿大学大气和海洋学硕士学位，1995 年获杜克大学生物海洋博士学位。在多个国际组织和大型项目（北太平洋海洋科学组织、全球海洋酸化观测网络等）中任职，并担任多个杂志 Biogeosciences、Ocean Dynamics 和 Journal of Oceanography 等的编委。

长期从事物理－生物地球化学模型的研究工作，研究方向包括生物地球化学模型在太平洋和边缘海地区的应用和改进；营养盐在海洋中的输送、初级生产力对碳循环的影响；铁对全球生产力和碳循环的影响；人类活动对全球气候和边缘海环境的影响；海洋生态系统预测等。在海洋生态模拟与预测、生态环境演变机制等方面做出了国际一流的成果和突出的贡献。先后主持和参加了美国国家自然科学基金委、美国国家航空航天局和美国国家海洋与大气局 30 多项研究项目，研究经费达到一千万美金。曾经被聘为美国、中国等多家基金委和重大项目评审专家。已在 Science、JGR、EPSL、GRL 等顶级国际学术期刊发表论文 120 余篇，论文已被引用 4600 余次，其中 H-Index 为 34（Google Scholar）。

魏更生

师从冯士筰教授
1988 年获物理海洋学硕士学位

美国流动科学公司高级开
发师。在美国得克萨斯农工大
学机械工程系获得博士学位。
博士期间的研究工作，主要包
括旋转燃烧器内煤和生物质混
合粉的燃烧过程和污染物释放
的数值模拟，涉及固气二相流、
汽化、蒸发、化学和传热等
过程。

在中国海洋大学工作期
间，参加了国家八五重点攻关

项目——风暴潮数值预报模型的研发，为台风潮预报模型的主要研发人之一。

从事计算流体力学商业软件 FLOW-3D 的研制和开发，主要包括计算流体力学数值
方法及其在水利工程、机械工程、海洋工程、航空与航天工程、船舶工业、汽车制造和
铸造等方面的应用。作为主要研发人所开发的运动物体模型，实现了任意复杂形状的多
刚体与流体动力耦合的高效精确模拟，在计算流体力学商业软件中处领先地位。其刚体
任意碰撞、滚动和滑动以及同时与流体耦合的功能在众多流体力学商业软件中所独有。
其系泊缆索功能实现了海上平台运动和船舶锚泊的模拟。作为主要研发人员还开发了海
洋非线性波、孤立波和无规波模型，开发了泥沙输运和冲刷模型，以及弹性膜模型和分
区插值方法等。

郑连远

师从冯士筰教授、孙文心教授
1988 年获物理海洋学硕士学学位

现在在美国从事近海环流预报模型研发工作。

王正林

师从冯士筰、孙文心教授
1989 年获物理海洋学硕士学位

中国海洋大学研究员。毕业后留校，先后任职海洋系、
人事处、国有资产管理处、实验室与设备管理处、海洋与大
气学院和管理学院。

虞旭日

师从冯士筰教授、汪景庸教授
1989 年获物理海洋学硕士学位

亚马逊项目经理。曾在美国加州大学从事博士后研究
工作，曾任美国电话电报公司资深软件顾问、Expedia 高
级软件设计师、戴尔资深软件顾问等。

鹿有余

师从冯士筰教授
1991 年获物理海洋学硕士学位

加拿大国家渔业与海洋部 Bedford 海洋研究所研究员，海洋评估与预测研究室（Ocean Assessment and Predic-tion Section）主任，达尔豪斯大学（Dalhousie University）兼职教授，"大气－海洋"（Atmosphere-Ocean）期刊编委。1992 年赴加拿大留学，1997 年获 University of Victoria 博士学位。现作为课题负责人参加加拿大跨政府部门的 Canadian Operational Network for Coupled Environmental PredicTion Systems（CONCEPTS）计划，为渔业与海洋部新一代海洋模式发展的课题负责人。与加拿大、中国、法国的多所大学和研究机构保持合作关系。已指导研究助理、博士后、访问学者十余人，在 Dalhousie 大学参与指导博士、硕士研究生十余人，指导由中国留学基金会资助的留学生 3 人，合作指导国内研究生 5 人。

研究兴趣与经验涵盖了物理海洋学的多个方面，包括大洋与陆架海洋环流、湍流与混合、海冰、海气相互作用、动力模型的发展与应用、观测与数据分析，以及环流理论分析等。在国际主流海洋学期刊发表学术论文 50 余篇。

王为民

师从冯士筰教授
1994 年获环境海洋学硕士学位

现从事软件研发工作，
2000 年于美国华盛顿大学获得
海洋学博士学位。

博士后

张作泉

师从冯士筰教授从事博士后研究工作
1995 年出站

北京交通大学教授，博士生导师。1993 年 9 月，自大连理工大学计算数学专业博士毕业后来到青岛海洋大学，在冯先生指导下从事博士后研究工作。出站后在北京交通大学理学院工作至今，期间作为教育部公派访问学者在丹麦奥胡斯大学经济管理学院合作研究一年。

目前主要从事证券投资组合、资产定价、金融风险管理、实证金融、投资基金及信用评价等研究。

唐学玺

师从冯士筰教授从事博士后研究工作
1995 年出站

中国海洋大学教授，博士生导师，教育部高等学校环境生态类教学指导委员会委员，中国藻类学会理事，中国海洋湖沼学会水环境分会理事。

主要从事海洋生态毒理学、近海生物生态资源调查与评价、海洋生态修复技术与应用研究。主持和参加国家重点基础研究发展规划项目、国家 863 计划海洋领域课题、国家科技攻关课题和国家自然科学基金项目等国家级项目 15 项。在海洋生物生态调查领域，借助于 908 调查项目，系统地研究了山东省近岸海域生物生态的基本状况，提出了生物生态要素的时空分布特征和变化规律，以该成果为基础，主编了多本专著和教材。在实验生态学领域，系统地研究了我国典型海区代表性海洋生物的生理生化、种群动态、种间竞争和群落结构的特征，讨论了它们对环境因子（如 CO_2 加富和 UV-B 辐射增强等）的响应规律。在生态修复领域，建立了立体式的海岛潮间带和潮下带藻场构建和恢复技术，提出了我国北方海区海藻场修复的基本模式，并在多个海区进行了应用与示范。获海洋局科技进步二等奖 3 项，山东省高等学校优秀科研成果二等奖 1 项。发表 SCI 论文 30 余篇，获专利 20 余项。

管玉平

师从冯士筰教授从事博士后研究工作
1996 年出站

中国科学院南海海洋研究所研究员、中国科学院大学教授，博士生导师。曾兼任浙江海洋大学海洋科学学院院长、中国海洋学会海气相互作用专业委员会委员、中国气象学会气候学专业委员会委员、广东省力学学会理事，以及国家科技奖、国家级实验教学示范中心等评审专家。

主要从事海洋环流与全球变化、海洋涡旋、台风等领域的研究，重点关注热盐环流的动力机制和海洋能量。主持国家自然科学基金项目 4 项，承担国家自然科学基金重大计划重点项目 1 项，参与国家 973 计划项目 4 项，负责中国科学院知识创新工程重大项目子课题 1 项，以及其他课题近 20 项。在大洋热盐环流机械能驱动理论方面取得原创性成果，该工作曾被美国气象学会 (AMS Top 20 List 文章) 列为第 7 位，获广东省 "南粤科技创新优秀学术论文" 一等奖。

高会旺

师从冯士筰教授从事博士后研究工作
1998 年出站

中国海洋大学教授，博士生导师，973 计划项目首席科学家，国务院政府特殊津贴专家，山东省教学名师。现任海洋环境与生态教育部重点实验室主任，中国海洋大学海洋环境保护中心主任，中国海洋大学中英海洋环境研究联合中心主任等职。曾任青岛海洋大学物理海洋研究所浅海室主任、青岛海洋大学海洋环境研究所所长、中国海洋大学环境科学与工程学院院长。兼任第七届国务院学位委员会学科评议组成员（环境科学与工程）、教育部高等学校环境科学与工程类专业教学指导委员会委员、中国环境科学学会海洋环境保护专业委员会主任、中国海洋湖沼学会理事、国际上层海洋低层大气研究计划（SOLAS）

科学指导委员会委员、亚洲沙尘与海洋生态系统（ADOES）国际工作组首席科学家等职。

主要从事海洋生态动力学与大气物质（氮、沙尘）沉降及其对海洋生态系统影响的研究，承担国家级、省部级科研项目 20 余项，发表学术论文约 150 篇。率先开展了渤海海洋生态动力学模拟研究工作；揭示了沙尘向中国近海及其邻近海域的传输路径及其影响，给出了沙尘沉降促进黄、东海初级生产力增长并可诱发水华事件的科学证据。主持《环境海洋学》国家级精品课程与国家级资源共享课程，参编教材、专著 6 部。

毕学军

师从冯士筰教授从事博士后研究工作
2004 年出站

青岛理工大学教授，博士生导师，山东省高等学校市政工程重点学科首席专家，山东省科学技术协会常务委员。现任青岛市城市水环境污染控制工程研究中心主任、青岛市城市水环境污染控制国际科技合作基地主任，曾任青岛市新型环保技术重点实验室主任。兼任山东省环境保护厅特聘环保专家、山东省水环境保护与污  染防治产业技术创新战略示范联盟专家技术委员会副主任委员、山东省材料化学安全检测技术重点实验室学术委员会委员、山东省油田采出水处理与环境污染治理企业重点实验室学术委员会委员、青岛市水质安全与水资源高效利用工程研究中心学术委员会主任委员等职务。

主要从事水污染控制工程技术教学、研究与开发工作。主持国家水体污染控制与治理科技重大专项、国家科技攻关课题、国家自然科学基金项目、国际科技合作专项等国家级项目十余项。在污水生物脱氮除磷技术及其相关理论、污水深度处理与资源化、污水处理节能降耗理论与方法等方面取得重要创新成果。获中国科协求是杰出青年成果转化奖 1 项、国家科技进步二等奖 1 项、山东省科学技术进步奖一等奖 2 项、建设部华夏建设科技进步三等奖 1 项。2008 年获得山东省青年科技奖与山东省有突出贡献的中青年专家称号，2011 年获国务院政府特殊津贴，2015 年入选国家百千万人才工程，并获国家有突出贡献中青年专家称号。

余静

师从冯士筰教授从事博士后研究工作
2010 年出站

中国海洋大学副教授，硕士生导师。

主要从事海岸带综合管理、海洋区划与规划、海洋环境影响评价等研究。参与国家科技攻关课题、国家自然科学基金等国家级项目 3 项，主持国家海洋局规划类专项 4 项，海洋可再生能源专项 1 项，中央高校基本科研业务费项目 1 项，中国海洋发展研究会项目 1 项，社会服务类项目十余项。在海岸带污染防治与调控、海洋环境影响评价、海洋区划与规划技术方法研究等方面取得系列成果。2015 年荣获中国海洋发展研究会优秀青年项目三等奖。

附录：冯士筰教授指导的研究生和博士后

表1　博士名单

姓名	毕业年份	专业	论文题目
吴德星	1992	物理海洋	大洋深层局部高能区动力机制初步探讨
王　辉	1992	物理海洋	陆架环流及输运过程研究
杨宗严	1992	物理海洋	浅海环流与物质输运过程的理论与数值方法研究
陈　戈	1993	物理海洋	雷达高度计的数据处理及有关卫星海洋学问题
杜　勇	1994	物理海洋	卫星海洋学数据反演及应用研究
江明顺	1994	物理海洋	二维陆架陆坡潮成内波的生成机制与传播特性研究
史峰岩	1995	环境海洋	近岸浅海流体动力学变边界数值模型研究
王　凡	1995	物理海洋	弱非线性连续层化赤道海洋内波动对特定风强迫响应和波致Lagrange余流理论初探
崔　鹤	1995	环境海洋	边缘海海气二氧化碳通量若干问题的研究
朱庆杰	1995	环境海洋	断层模式分析和油气有利区定量评价及预测的方法与应用
袁峻峰	1995	环境海洋	1993年/1994年中国南极长城站地区典型污染物研究
王　凯	1996	环境海洋	陆架环流模型和数值方法研究及其在东中国海的应用
汝少国	1996	环境海洋	久效磷农药对中国对虾的毒性效应研究
李瑞杰	1996	环境海洋	波流共同作用下流场的数值模拟及悬移质输运数学模型
孙效功	1996	环境海洋	黄河三角洲发育演变模式及其泥沙冲淤规律研究
郭新宇	1997	物理海洋	东京湾的余流
邱汉学	1997	环境海洋	内蒙古腰坝沙漠绿洲地下水咸化机理及三维水质模拟
党志超	1997	环境海洋	罗非鱼鳃中应激反应的细胞标记
梁宏锋	1997	环境海洋	东太平洋海盆深海沉积环境条件对铁锰结核形成的控制作用研究
翟雪梅	1997	环境海洋	典型养殖水域的生态系统模型
江文胜*	1997	环境海洋	渤海悬浮物输运的动力模型和数值研究
王道儒	1998	物理海洋	北部湾冷水团的动力－热力机制研究
王　路	1998	物理海洋	琼州海峡水交换及其动力机制研究

续表

姓名	毕业年份	专业	论文题目
陈春华	1998	环境海洋	海口湾海域铜的自净化能力研究
李巍然	1998	环境海洋	冲绳海槽沉积物地球化学特征及其环境变化意义
魏 皓	1999	环境海洋	浅海环流物理的理论与数值研究
杨少丽	1999	环境海洋	静动荷载下砂和粉土行为的研究及其本构模型
罗义勇	1999	环境科学	η 坐标 POM 模式与东海黑潮锋面弯曲的数值研究
吕 建	1999	环境科学	赤道东太平洋温度锋附近的混沌输运与混合的初步研究
任 玲	2000	环境科学	胶州湾生态系统中浮游体系氮循环模型的研究
孙 洪	2000	环境科学	我国海洋高技术及其产业发展战略研究
刘光兴	2001	环境科学	胶州湾浮游动物的生态学研究
王 斌	2002	环境科学	海洋生态环境保护管理——理论与方法研究
赵 亮[*]	2002	环境科学	渤海浮游植物生态动力学模型研究
游建胜	2002	环境科学	海洋功能区划及其评价模式
孙书贤	2002	环境科学	我国省际间海域勘界政策与技术研究
赵领娣	2003	环境科学	中国灾害综合管理机制构建研究——以风暴潮灾害为例
闫 菊	2003	环境科学	胶州湾海域海岸带综合管理研究
鲍献文	2003	物理海洋	东中国海环流及其相关动力过程的模拟与分析
张龙军	2003	环境科学	东海海气界面 CO_2 通量研究
王菊英	2004	环境科学	海洋沉积物的环境质量评价研究
崔 拓	2004	环境科学	河口生态环境需水量研究
孙 军	2004	环境科学	海洋浮游植物细胞体积和表面积模型及其转换生物量
刘 哲[*]	2004	环境科学	胶州湾水体交换与营养盐收支过程数值模型研究
孟 伟	2005	环境科学	渤海典型海岸带生境退化的监控与诊断研究
鞠 莲[*]	2007	环境科学	一般非线性河口和近海中的环流与长期输运问题的研究及其初步应用
樊 星	2008	环境科学	典型养殖海区潮动力结构特征的初步研究——观测与数值模拟

续表

姓名	毕业年份	专业	论文题目
原 野*	2009	物理海洋	基于声学方法的中国近海沉积物和悬浮颗粒物动力过程观测研究
李京梅	2010	环境科学	我国围填海造地资源环境价值损失评估及补偿研究
谷佃军	2010	环境科学	山东半岛海洋经济可持续发展的优化方式研究
曾 静	2013	环境科学	桑沟湾水动力环境变化研究——支持向量机与水动力模式相结合方法探讨
刘光亮*	2013	环境科学	一般非线性拉格朗日余流及潮际盐度输运研究——以胶州湾为例
王 涛*	2016	物理海洋	基于盐度坐标的河口环流与湍混合
张海彦*	2017	物理海洋	长江口附近低氧形成机制及年际变化研究

* 硕博连读

表 2　硕士名单

姓名	毕业年份	专业	论文题目
孙英兰	1982	物理海洋	超浅海风暴潮的一个联合模型及其对渤海风潮的初步应用
宋丽娜	1985	物理海洋	浅海流体动力学—一种含变湍黏性系数的流速分解模型
唐永明	1987	物理海洋	一种三维浅海流体动力学模型及其在渤海风潮中的应用
柴 扉	1987	物理海洋	天文潮与风暴潮的非线性相互作用
魏更生	1988	物理海洋	两个天文分潮导致的拉格朗日余流
郑连远	1988	物理海洋	三维潮致拉格朗日余流的数值计算及其在渤海中应用
王 辉	1989	物理海洋	一种三维风生－热盐－潮致拉格朗日余流数值计算及其在渤海中的应用
王正林	1989	物理海洋	渤海风暴潮数值预报
虞旭日	1989	物理海洋	底摩擦的研究
鹿有余	1991	物理海洋	一种三维浅海流体动力学模型及其渤海潮流的模拟
王为民	1994	环境海洋	东中国海环流的数值模拟——三维正压模型

表 3　博士后名单

姓名	出站时间	流动站名称	出站报告题目
张作泉	1995	海洋科学	海洋中的工程结构优化研究
唐学玺	1995	海洋科学	有机磷农药对海洋微藻的毒性效应及机制
管玉平	1996	海洋科学	海洋生态系统动力学
高会旺	1998	海洋科学	海洋浮游生态系统分析及模型研究
毕学军	2004	环境科学与工程	城市污水脱氮除磷倒置 A2/O 工艺推广应用研究
余　静	2010	海洋科学	渤海污染综合整治的海陆一体化调控研究